居里夫人传

两次获得诺贝尔奖的女物理学家

赵小龙 编著

成都地图出版社

图书在版编目（CIP）数据

居里夫人传 / 赵小龙编著. -- 成都：成都地图出版社，2018.4 （2023.3重印）
ISBN 978-7-5557-0864-3

Ⅰ.①居… Ⅱ.①赵… Ⅲ.①居里夫人(Curie, Marie 1867-1934) – 传记 – 青少年读物 Ⅳ.①K835.656.13-49

中国版本图书馆CIP数据核字(2018)第051895号

居里夫人传
JULI FUREN ZHUAN

责任编辑：魏小奎
封面设计：吕宜昌

出版发行：	成都地图出版社
地　　址：	成都市龙泉驿区建设路2号
邮政编码：	610100

印　　刷：三河市同力彩印有限公司
（如发现印装质量问题，影响阅读，请与印刷厂商联系调换）

开　本：	710mm×1000mm　　1/16		
印　张：	8	字　数：	120千字
版　次：	2018年4月第1版		
印　次：	2023年3月第5次印刷		
书　号：	ISBN 978-7-5557-0864-3		
定　价：	35.00元		

版权所有，翻印必究

导读 >>>>>>
Introduction

Marie Curie
居里夫人

居里夫人（1867—1934），原名玛丽·斯可罗多夫斯基，出生于波兰的一个教师家庭，是波兰裔法国籍著名的物理学家和化学家。她还是一位爱国者，积极反对沙俄的白色恐怖统治，为祖国贡献出了自己力所能及的力量。在科学探索中，她坚毅刻苦，锲而不舍，取得了卓越非凡的功绩，是一位对世界进程产生过重要影响、伟大无私而又谦逊质朴的女性。

作为世界上最著名的科学家之一，她主要致力于放射性现象的研究。她有一般科学家所没有的社会影响力，是世界上唯一一位两度荣获诺贝尔奖的女科学家，是原子能时代的开创者之一。由她发现的镭和钋这两种天然放射性元素，对科学界的发展产生了重要的影响，因此，她被誉为"镭的母亲"。

1898年对于科学界来说注定是不寻常的一年。这年的7月，居里夫妇在沥青铀矿中发现了一种新的放射性物质，并以祖国波兰的名字称这个新元素为钋，从此他们密切合作，共同研究，实践了最早的放射化学工作方法。同年12月，他们又在沥青铀矿中发现了一种放射性更强的新物质，将其命名为镭。为了得到更加纯净的钋和镭，他们付出了艰苦的劳动。他们在一个破棚子里，夜以继日地工作，经过一次又一次的提炼，才从几吨沥青铀矿渣中得到十分之一克的镭。至此，居里夫人最终完成了近代科学史上最重要的发现——放射性元素镭，并奠定了现代放射化学的基础，为人类做出了伟大的贡献。也正是由于这一惊人发现，1903年12月，他们和贝克勒尔一起获得了诺贝尔物理学奖。1911年1月，居里夫人接受友人建议，竞选法兰西科学院院士，最终却因院内顽固派及一些人的反对以一票之差落选。可是公道自在人心，同年12月，瑞典科学院诺贝尔奖委员会宣布将本年度化学奖授予居里夫人，使她成为科学世界的巨人——历史上第一个获得两项诺贝尔奖的人，而且是世界上仅有的两个在不同的领域获得诺贝尔奖的人之一。

虽然曾经取得过这么多辉煌而卓越的成绩，但是在平时的生活中，居里夫人为了能拥有更多的时间搞科学研究，一直过着极其简朴的生活，就连她和皮埃尔·居里的婚礼也办得极为简单。她还是一位淡泊名利的伟大母亲，把英国皇家学会刚刚颁发给自己的金质奖章给小女儿玩耍，借此来教育自己的孩子："荣誉就像玩具，只能玩玩而已，绝不能看得太重，否则就将一事无成。"

可是居里夫人的命运并非一帆风顺，在面对人生中的坎坷时，她凭借坚强的毅力和命运斗争，俨然是一位不屈的斗士！1906年4月19日，她的丈夫、科学同伴，47岁的皮埃尔被运货马车辗压致死。居里夫人从悲痛中迅速调整状态，独自挑起了家庭、事业的双重重任。她谢绝领取国家抚恤金，走上索尔本大学讲台，接替了丈夫的工作——讲授物理学课程。

居里夫人可以说是我们中国人最为熟悉的一位外国女性。如果一个名人，她的生活中的每一个脚印、每一段故事都能够全面地影响我们的话，那么，我们去了解她的一生，就是值得的，因为名人光环背后的朴实和诚恳的人生态度，才是最珍贵的。

这部传记记载了居里夫人从成长到逐步走进科学的殿堂，直至克服千辛万苦取得令人瞩目的科学成就的全过程，从中我们能感受到居里夫人对待周围人们的善良和真诚，对待科学探索的虔诚和严肃，对待祖国和人民的满腔热忱。

从居里夫人身上，我们不仅能学习到作为一个女性，如何在一个一贯都是男性主导的领域——科学领域建立自己的成就，为科学界做出卓越的贡献，更能够从她对待祖国波兰，对她的第二故乡法国的深情上，感受到一个人应该怎样保持对自己的民族和国家的忠诚，怎样坚持作为一个人的品格。

目录 >>>>
Contents

第一章
苦难的童年

天赋凸显 …………………………… 2
私立寄宿学校的黑暗统治 …… 5
家庭的不幸遭遇 ………………… 8
两次直面死亡 …………………… 11

第二章
少女时光

转学后的日子 …………………… 17
快乐的乡村生活 ………………… 20
加入流动大学 …………………… 23

第三章
家庭女教师

给Z先生家做家教 …………… 28
第一次恋爱 ……………………… 31
父亲的支持和巴黎之行 …… 34

第四章
异国的求学之旅

来到巴黎 ………………………… 39
在姐夫家的刻苦求学路 …… 42
获得"亚历山大奖学金" …… 45

第五章
认识皮埃尔

初识皮埃尔 ……………… 50
产生好感 ……………… 53
结为连理 ……………… 55

第六章
科学时代的到来

第一个实验室的建立 ……… 61
钋的发现 ……………… 64
放射性新元素的出现——镭 …… 67

第七章
镭的提取

棚屋下的生活 …………… 72
纯钋和纯镭的艰难提取 …… 75
诱人的机会 ……………… 77
镭 …………………… 80
父亲的离世 ……………… 83

第八章
荣誉的获得

关于镭的演讲 …………… 88
获得博士学位 …………… 92
与卢瑟福结缘 …………… 95
荣获诺贝尔奖 …………… 97

第九章
使命终结

眼　疾 …………………… 107
辐射对身体造成的危害 …… 110
爆发性恶性贫血 …………… 112
心脏跳动停止 ……………… 114

名人年谱 ………………………… 119

第一章

Marie Curie

苦难的童年

> 我从来不曾有过幸运,将来也永远不指望幸运,我的最高原则:不论对任何困难都决不屈服!
>
> ——[法]居里夫人

天赋凸显

华沙是波兰首都，1867年11月7日，这座城市的一户人家传出了一阵婴儿的啼哭声，物理教师乌拉狄斯拉夫·斯可罗多夫斯基的第四个女儿出生了！斯可罗多夫斯基看着这个可人的孩子，一阵欢喜，为这个孩子取名叫作"玛丽"。

斯可罗多夫斯基出身于一个农村贵族地主家庭，在当时小有名气。他的学问很高，不但懂得文学特别是诗歌，而且还会说八国语言。在玛丽出生前不久，他刚刚被任命为诺佛立普基路男子中学的物理教师兼副督学。

玛丽的母亲叫布洛尼斯洛娃，是一个小地主家的掌上明珠，在华沙的一所寄宿制女子学校上中学，毕业之后，便留在学校做了一名老师。由于她工作出色，待人诚恳，没多长时间就担任了这所学校的校长。

在这个家庭中，玛丽一共有三个姐姐、一个哥哥。大姐叫素希雅，二姐叫布罗妮雅，三姐叫海拉，哥哥的名字是约瑟夫，约瑟夫比二姐大，在家里排行第二。不过，这几个孩子年纪都差不了几岁，大姐素希雅也只比玛丽大5岁。

担任副督学后，不但薪资得到了提升，学校还为斯可罗多夫斯基提供了新房子。不久后的一天，斯可罗多夫斯基便带着一家人，搬到了新房子里。

由于平时忙于工作，斯可罗多夫斯基先生没有太多的闲暇时间。可是，每到星期日，他们家里就会变得非常热闹。这一天，孩子们会将自己的建筑玩具拿出来，在家里玩起打仗的游戏。

1871年的夏天，斯可罗多夫斯基夫妇带领着五个儿女回到乡下度假。这里没有偷听人们说话的警察，孩子们可以大胆地说波兰话、唱波兰歌。

乡村，夏天，假期，孩子们简直是到了"自由王国"，每天都在无忧无虑地玩耍。这里不但有高大温驯的马可以骑，还有健硕的奶牛提供的鲜奶可以喝，最主要的是，这里有他们合得来的表兄弟们。

斯可罗多夫斯基夫妇都是教育工作者，懂得让孩子接触大自然的重要性，因此，他们鼓励孩子们多到自然环境中去。当然，他们也不忘每天教年纪大一点儿的孩子认字、读文章，培养孩子们对学习的兴趣。

居里夫人的母亲 　　　　居里夫人的父亲

有一天，姐姐布罗妮雅对每天认字母、背单词的学习感到了厌倦，于是，就找来还没有开始学习识字的小妹玛丽，玩起了"教师游戏"。

两个小女孩在一起把用纸板剪出的字母排列成单词，姐姐布罗妮雅总是摆出一副"老师"的架子，教玛丽排列。

每当玛丽排错了的时候，姐姐就会一本正经地说："你怎么又弄错了呀？这个字母应该放在这里……"

每次听了姐姐的批评，玛丽都会虚心接受，然后积极改正。不知不觉中，玛丽认识的字越来越多了。

不久后的一个早晨，斯可罗多夫斯基夫妇和孩子们一起坐在花园里学习。为了考查孩子们的学习情况，妈妈建议让布罗妮雅念一段文章。

虽然这段文字很简单，而且不太长，可布罗妮雅还是念得结结巴巴的。这时候，玛丽从姐姐的手中拿过书，流利地读起了书上的每一句话。

周围一下子静下来。玛丽感到非常得意，便兴致勃勃地一直读了下去，她知道父母一定会表扬自己的！

可是，过了一会儿，当玛丽读完这段文字，抬起头来的时候，从父母和哥哥、姐姐的脸上却只看到了惊讶的表情，她顿时感到惊慌，急忙将手中的书扔到地上。

玛丽以为自己犯了什么错，很害怕，不由得哭了起来，还不停地为自己辩解："我不是故意的……请你们原谅我……原谅我……这不是我的错……也不是布罗妮雅的错……只是这些太容易了……"

其实，玛丽误会了！父母和哥哥、姐姐的突然沉默，并不是对她的行为感到生气，他们只是惊讶：没有人教过玛丽读书啊！她怎么认识这么多的生词，而且还读得这么好？

后来，他们才得知，是姐妹之间的"教师游戏"让玛丽认识了文字。凭着职业敏感，斯可罗多夫斯基夫妇发现玛丽具有超强的学习能力。

玛丽的父母都是理性的教育者，他们一致认为让孩子过早地把精力投入到读书之中，只会使孩子智力发育过早，不但会破坏掉孩子的好奇心，而且还会让他们对学习失去兴趣，最后的效果往往会适得其反。

为了玛丽的健康成长，他们不但没有催促玛丽去读书，反而让她尽量远离书本。因此，每当玛丽试图找到一两本姐姐们读的书来读的时候，妈妈都会叫她放下书本："玛丽，你还是去玩积木吧！""玛丽，你的布娃娃到哪里去了？""唱个歌给妈妈听好吗？"

这个时候，玛丽都会乖乖地听父母的话，沉浸到玩耍的乐趣中。

▶ 私立寄宿学校的黑暗统治

6岁的时候,玛丽进入了一所私立寄宿学校。从表面上看,玛丽可以读她喜欢的书了,但实际上,玛丽却学不到任何祖国的文字,因为在当时的学校,只能教授俄国殖民者规定的那些教材。

在班上,玛丽虽然比其他同学小两岁,可她一上学就表现出了惊人的记忆力和智力,她所有学科的成绩在班里都是第一名,受到了老师的喜爱。

在班上,对玛丽最为关心的是她的数学和历史老师兼学监安多尼娜·杜芭斯卡小姐。

杜芭斯卡小姐看起来有些古怪,她总是穿着一身黑衣服,还常常板着脸,似乎对世界上的一切都不满意。可是,每次看到玛丽的时候,她的眼神里总是含着深切的关爱。

杜芭斯卡小姐虽然表面上很冷漠,其实是一位充满爱国激情的知识女性,只不过,亡国奴的身份使她不得不把这种火样的热情隐藏在冰冷的外表之下。

但是,一上历史课,杜芭斯卡小姐就会变得神采奕奕。每次讲到关于波兰的历史,杜芭斯卡小姐都会用低沉而有力的声音给同学们讲述,她告诉同学们:"波兰的历史是从波莱斯拉夫建立皮阿斯特王朝开始的。在14世纪中叶,波兰国王瓦迪斯瓦夫一世重新统一了波兰;1596年,华沙成为波兰共和国的首都。但是现在,我们的祖国正在遭受不幸,处在俄国的统治之下。我们不能忘记自己的家园和祖先留下的遗产,我们的国家不能成为俄国的领地……"

她经常会用波兰语给孩子们讲述波兰的历史和文化，每到这个时候，教室里便会出现一种神圣、崇高的气氛，孩子们受到感染都变得十分激动，因为学校被禁止使用波兰语，所以无论是讲课的老师还是听课的学生都要有足够的勇气，努力争取这种能用本国语言说话的时刻。

　　一天，这位女教师带领孩子们复习最近学过的历史课。杜芭斯卡小姐说："玛丽，请站起来，复述一下前几次课的要点。"

　　听了老师的提问，玛丽立刻站了起来。当说到第一次允许外国人分割波兰的国王斯坦斯拉夫时，玛丽用激烈的语气指责说："他是一个缺乏勇气的人，这是波兰的不幸……"

　　突然，走廊里响起了刺耳的铃声，两声长的，两声短的。这是信号！督学官霍恩堡要来检查课堂教学了！

　　教室里的气氛一下子紧张起来。

　　训练有素的同学们迅速收起课桌上的波兰文课本和笔记，堆放在事先安排好的五个学生的围裙里，由她们抱着从通向宿舍的门走出去。很快，这五个学生便气喘吁吁地跑回来，坐到了自己的位置上。

　　接着，一阵重重的皮鞋声响起，通往前厅的门开了。督学官霍恩堡那油光光的红脸出现在孩子们的面前。

　　这时候，所有的学生都在低头做针线。她们手指上戴着顶针，在毛边的四方布上用心地锁着扣眼。剪子和线轴散乱地放在课桌上，教师的桌上放着一本打开的俄文书。

　　霍恩堡用他那狡猾而冷酷的目光审视着每一个学生的脸。

　　"督学官先生，这个年级每周有两小时缝纫课。"紧跟着霍恩堡进入教室的西科尔斯卡校长用流利的俄语说。

　　霍恩堡没有回答，向杜芭斯卡小姐走了过去："小姐，你刚才好像在领着孩子们高声朗读，读的是什么？能告诉我吗？"

　　杜芭斯卡小姐拿起课本，说："克雷洛夫的寓言故事《乌鸦和狐狸》。"

霍恩堡说："是吗？虽然我们的政府不喜欢这个作家，不过，毕竟他是俄国人，要多学习。"

霍恩堡像寻找猎物的狼一样，在一把椅子上坐下，环视着周围的一切："请叫起一名学生，我有话想问一问。"

玛丽这时候坐在第三排，一阵的心惊肉跳。她本能地把脸转向窗户，心里暗暗祈祷："我的上帝，不要叫我，拜托……"

但是，她知道老师一定会叫她的，因为她的学习成绩最好，而且能讲一口流利的俄语。

果不其然，老师还是点了她的名字。听见老师叫出了她的名字，玛丽站了起来，瞪着圆圆的眼睛死死地盯着督学官，一种难以言表的耻辱感卡住了她的喉咙。

"背诵祈祷文。"霍恩堡说。

玛丽用毫无情感的声音，准确无误地背出了天主教祈祷文。沙皇发明的最巧妙的侮辱波兰人的方法之一，就是强迫波兰小孩每天用俄语背诵天主教祈祷文。

"由叶卡捷琳娜二世起，统治我们神圣俄罗斯的皇帝是哪几位？"督学官霍恩堡的提问总是带着挑衅的意味，他在提问时特意把"我们"两个字的语气说得特别重。

"叶卡捷琳娜二世、保罗一世、亚历山大一世、尼古拉一世、亚历山大二世……"

确实，玛丽的记忆力极好，俄语发音也非常标准，简直和生活在莫斯科的俄国孩子没有区别。

"说说皇族的名字和尊号。"

"女皇陛下茨珂来维奇，亚历山大太子殿下，大公殿下……"玛丽按次序说完了那一长串名字。督学官满意地笑了，而玛丽的脸色却变得惨白，她竭力在克制内心的反感。

"沙皇在爵位品级中的尊号是什么？"

"陛下。"

"谁统治我们？"

"亚历山大二世陛下。"

"那么，我的尊号是什么？"

"督学官大人阁下。"

回答到这里，玛丽的脸开始发青，和她同班的姐姐海拉为她担心得直冒冷汗。

好在提问很快便结束了。督学官略一点头，向隔壁屋子走去。

杜芭斯卡小姐抬起头，看着玛丽，说："玛丽，我的孩子，到这里来……"

玛丽离开座位，走到老师面前。老师什么也没说，把她紧紧搂在怀里，只是一个劲儿地吻着她的额头。玛丽再也压抑不住自己的痛苦，趴在老师怀里哭了起来。

对于玛丽来说，这样的生活实在难以忍受。可是，在这个被侵占的国家里，谁都难以摆脱这种屈辱的岁月。

▶ 家庭的不幸遭遇

对每一个人来说，少年时期大多是无忧无虑、充满快乐的时光。但是，少年的玛丽却不是这样的。俄国人一直倾尽全力对波兰教育实行高压控制，就在玛丽不得不承受着身为亡国奴的苦难时，父亲斯可罗多夫斯基也遇到了同样的问题。

一次，一名学生因为写错了俄语语法受到了校长伊凡诺夫的处罚。

斯可罗多夫斯基知道了这件事情之后，很为他的学生抱不平。他找到校长，说："伊凡诺夫先生，要是这个孩子写错了这句话，那一定是出于疏忽。您写俄文的时候，也会写错！不过，我相信这个孩子和您一样，绝不是故意的。"

伊凡诺夫校长没有接受他的解释。这件事情之后，两人之间的关系迅速恶化了。

每次回到家，斯可罗多夫斯基都会和夫人谈论学校里发生的事情。这时，玛丽也会坐在父母身边。可是，每当她听到"伊凡诺夫……沙皇……放逐……西伯利亚……"这些几乎每天都能听到的、让她无比厌恶的词时，就会连忙站起来，溜进父亲的书房。

书房是斯可罗多夫斯基先生家中最漂亮、最整洁的房间。玛丽常常会昂着头在里面走来走去，有时候还会呆呆地站在她特别喜欢的东西前，出神地看着。

房里有桃木做的法国式大写字台，有覆盖着红色天鹅绒的安乐椅，这些家具都清洁光亮。

玛丽父亲的书房

屋子尽头的墙上，有一张主教画像镶在结实的金色相框里；窗台上有座翠绿孔雀石座钟，中间鼓起并且能发出亮光；旁边的架子上放着装饰有法国国王路易十八头像的蓝色塞夫勒瓷杯，并刻有"不许碰"的字样；另一面墙上挂着气压计，镀金针在白色的标度盘上闪着亮光；屋子的角落里是一个装有玻璃门的书橱，透过玻璃可以看到架子上摆着的小天平、玻璃管、矿物标本，还有一个金箔验电器。

玛丽常和姐姐们一起聚在这里做功课。玛丽知道，这些都是爸爸最心爱的东西。以前斯可罗多夫斯基常把这些东西带到课堂上去，但自从政府命令减少自然科学科目的教学时间后，这个玻璃门就再没被打开过。

这些器械对玛丽来说有些神秘,她记得父亲曾经告诉过她这些东西的名字——物理仪器。

物理仪器?这个名字听起来很古怪,不过,玛丽一直没有忘记这个名字,这也许是因为她那超人的记忆力,也许是因为小孩子固有的好奇心,也许……

得罪了校长伊凡诺夫,这对斯可罗多夫斯基来说显然是一件坏事。

1873年秋天的一个戏剧性的日子,斯可罗多夫斯基带着全家度假后回到了诺佛立普基路,准备开课。

一天,当他抱着自己的公文包走进办公室的时候,在自己的桌子上,看到一封公文。这封公文通知他:

"奉当局命令,你的薪俸减低,你的副督学头衔,以及按职务分配的住房,一并撤销。"

斯可罗多夫斯基知道,自己被降职了。

面对这样的结局,斯可罗多夫斯基什么话都没说,其实他心里非常清楚,这是校长伊凡诺夫对一个不肯奴颜婢膝的属员施行的报复。只不过没想到事情来得这么快!

正直的斯可罗多夫斯基没有向校长妥协,而是带着家人离开了那曾经带给他无数欢笑的房屋。几度迁居后,斯可罗多夫斯基一家在一所租金比较便宜的房子里住了下来。

这时,玛丽母亲的病情不断加重,甚至还出现了大量吐血的症状。父亲只得把她送往疗养院,那里空气新鲜,她可以到那里去调养。

大姐素希雅陪妈妈去疗养院的那天早晨,哥哥、姐姐们唉声叹气,忧心忡忡。这次,玛丽没有任性,而是一声不吭地留在家里看家。

临别的时候,玛丽跑上去想要和妈妈亲吻一下,可是妈妈却流着泪,用手挡开了她。玛丽知道,妈妈是怕自己的病传染给孩子。

或许，这时候厄运应该远离这个灾难深重的家庭了，可是，事实上并没有。接下来发生的一件事情，更让这个家庭陷入了穷困的深渊。

一个亲戚找到了斯可罗多夫斯基，拉他投资一种"神奇的"蒸汽磨。

斯可罗多夫斯基素来很谨慎，可是还是经不住这位亲戚的软磨硬泡，拿出了家里的全部积蓄。很快，消息传来，生意失败！3万卢布打了水漂！

从那以后，斯可罗多夫斯基便陷入了悲苦的懊悔情绪中。他很内疚，很自责。

因为家境困难，他们的生活逐渐发生了改变。为了补贴家用，斯可罗多夫斯基做起了家庭教师。开始的时候，他只收了两三个寄宿学生，后来，便逐渐增加到了5个、8个、10个。

家里一下子来了这么多人，妈妈不在家的寂寞感暂时消失了。可是，接下来，他们的房子就变成了一个吵闹的磨坊，家庭生活的亲密感不存在了。

以前，全家人常常会聚在一起，听父亲朗读被查禁的波兰文学作品，大家还会亲密地交谈，但是现在，这样愉快的夜晚也离大家远去了。

▶ 两次直面死亡

母亲休养归来后，家里又遭遇了一次更大的不幸。

一个大雪纷飞的夜晚，一名寄宿生突然出现了严重的腹泻和高烧。为了不耽误父亲第二天的上课，玛丽姐妹担当起了照顾这个学生的任务。

姐姐素希雅和布罗妮雅一直都在病人的身边进行护理，片刻都没有休息。

第二天早上，这名学生的烧就退了。姐姐从外面请来了医生，医生对其进行了诊断，确诊为急性伤寒。

看到自己的学生很快痊愈了，父亲自然非常高兴。可是，就在第二天，不幸却发生了。

由于没有得到及时的保护，再加上成夜的劳累，姐姐素希雅和布罗妮雅都被传染上了这种病。

在玛丽的记忆中，接下来的几个星期里，家里的情形是非常可怕的。为了保护其他孩子，爸爸将两个发高烧的女孩单独放在了一个房间，而且还规定除了医生之外，任何人都不得出入这个房间。

玛丽很想去看看她们，可是……她只好偷偷地站在门外偷听。好几次，她都听到了两个姐姐因高烧而发出的呻吟声、颤抖声。

为了减少自己的难过程度，玛丽在每次看过姐姐之后，都要拿起一本图书，慢慢阅读，让自己沉浸在其中。正是这些书给了玛丽无穷的力量，让她这么一个年幼的孩子找到了感情的寄托。

一个星期三的早晨，天刚蒙蒙亮，约瑟夫、海拉和玛丽便被父亲叫了起来。他们发现一夜之间，父亲突然变了样。他的脸颊凹陷了进去，眼神中显示出无限的悲痛。

父亲带领他们来到大姐的房间。

穿着白色衣服的素希雅正静静地躺在棺材里，她的脸上毫无血色，却似乎在微笑；头发已经被人们剪短了，样子仍然非常漂亮。

玛丽紧紧地盯着姐姐，这是她第一次直面死亡。

举行葬礼的那天，玛丽穿着一件黑色的小斗篷，步履沉重地走在送葬队伍的最后面。她脸色苍白，眼神里有无限的悲哀。也就在这个时候，玛丽为自己确立了一个奋斗目标——努力学习，帮助像姐姐一样的人。

布罗妮雅则在病床上哭泣。

在给大女儿举行葬礼的那天，身体虚弱的母亲在公寓前的走廊里慢慢地走来走去，因为身体的原因，她不能外出，只能站在窗户边上，默默地为自己14岁的大女儿送行。

白发人送黑发人的经历，无疑是雪上加霜，曾经异常美丽的母亲，现在几乎只剩下一个影子了。

为了帮助照顾母亲，善良的卢希雅姑妈来到了这个家。一进门，她就以各种借口让孩子们出去呼吸新鲜空气。他们的母亲患着可怕的肺结核，假如传染给这些可怜的孩子该怎么办呢！海拉的气色还好，最让人担心的是没有精神的玛丽。

为了获得片刻的宁静，玛丽都是将自己一个人关在爸爸的书房里。姑妈看到玛丽的脸色不好看，很是担心，便经常督促她也跟着一起出去。

这时候的玛丽已经懂得了姑妈的心思，知道这是为自己好，所以每次都会主动和哥哥、姐姐们一起出去。只不过，每次出去的时候，她会在自己的衣服里藏一本书。当其他人在野地里玩耍的时候，她则会选一个无人打扰的地方认真读书。

玛丽和他们都约好了，不要来打扰她，回家的时候再叫她。可是，有好几次，大家准备回家的时候，却发现玛丽还在读书。

一次，哥哥、姐姐们打算逗逗她，便悄悄地来到了玛丽身后。可是，玛丽读得太专注了，竟没有感受到周围的响动。直到一小节的内容读完了，她才抬起头来。

看到围在她周围的哥哥、姐姐们，玛丽很惊讶，以为发生了什么事。后来才知道是虚惊一场。

母亲似乎已经预感到即将辞别人世，她希望在离开前自己能做好准备，不致因此搅乱一家人的生活。

1878年5月9日，在她的请求之下，医生为她请来了一位牧师。也许，只有牧师能够理解这个基督徒最后的痛苦，知道她想到留下四个孩子要丈夫照管时的伤感，想到自己离世后几个孩子的前途时的担心。

在家人面前，母亲始终面色平和。临终时，她的样子很优雅。她的丈夫和儿女们环绕着她整洁的病榻。她那美丽的灰色眼睛逐一注视着那五张灰暗的脸，好像是由于自己使得他们如此痛苦，而在请求他们原谅。

母亲吃力地举起颤抖的手，画了一个十字，给他们全体以祝福。她留给大家的最后一句话是："我爱你们。"

这样，玛丽第二次穿上了黑色丧服。

失去母亲的日子是万分悲痛的，父亲虽然把全部空闲的时间都用在孩子们身上，但他笨手笨脚的照料显然不能抚平孩子们心灵上的伤痕。

名人名言·苦难

1. 苦难是人生的老师。

   ——[法]巴尔扎克

2. 生于忧患，死于安乐。

   ——〔战国〕孟子

3. 贫苦就如熔炉，伟大才智都会在其中炼得纯净和永不腐蚀，正如钻石那样，能够经过千锤百炼而不粉碎。

   ——[法]巴尔扎克

4. 患难可以试验一个人的品格，非常的境遇可以显出非常的气节。

   ——[英]莎士比亚

5. 没有哪一个聪明人会否定痛苦与忧愁的锻炼价值。

   ——[英]赫胥黎

6. 患难困苦，是磨炼人格之最高学校。

   ——〔清〕梁启超

7. 受苦是考验，是磨炼，是咬紧牙关挖掉自己心灵上的污点。

   ——巴金

8. 苦难对于天才是一块垫脚石，对于能干的人是一笔财富，对弱者是一个万丈深渊。

   ——[法]巴尔扎克

9. 磨难，对于弱者是走向死亡的坟墓，而对于强者则是生发壮志的泥土。

   ——[法]卢梭

第二章

Marie Curie

少女时光

人要有毅力，否则将一事无成。

——［法］居里夫人

▶ 转学后的日子

1881年，玛丽家的喜讯一个接一个地飞来。先是哥哥约瑟夫以优异的成绩从中学毕业，考上了华沙大学的医学系；接着，姐姐布罗妮雅也从一所公立高中毕业了。可是，这时候14岁的玛丽，则不得不转学了。

其实，玛丽并不想离开，因为公立学校实行的是俄国奴化教育政策，完全禁止学生讲波兰语。可是，由于当时私立学校是没有资格发放文凭的，玛丽又不甘心只接受一点儿中学教育，所以，转学也就成了自然而然的事情。

不久之后，玛丽就从自己所上的私立学校转学到了布罗妮雅刚刚毕业的那所公立学校。

在新学校，学校教师和管理人员对波兰学生充满了敌视情绪。这种敌视态度，让玛丽感受到切身的痛苦。但是，玛丽依然没有耽误自己的学习，一直非常用功，每次考试都是全班第一。

知识的力量是巨大的，班上的很多学生对玛丽充满了佩服和羡慕。就连那些来自俄国、德国和具有犹太血统的同学都对她充满了敬畏。

在学校里，对俄国统治者的共同仇恨使她很快结识了好友卡齐娅。卡齐娅是一个爱憎分明的女孩，玛丽与她一拍即合。两个女孩常常相约一起上学、放学，一起度过了这段痛苦的时光。

在上学的路上，每次她们都会路过一个萨克斯广场。在这个广场上，竖立着一座壮丽的方尖碑，上面刻着几个大字——纪念效忠于皇帝的波兰人。这是沙皇俄国送给那些奴颜婢膝的波兰人

成长关键词：刻苦、无私、淡泊名利

的一份"礼物"。

波兰人都很厌恶这个东西，玛丽和卡齐娅也是深恶痛绝。每次经过这里的时候，她们两人都会像其他波兰人一样，对着雕塑用力地吐一口唾沫。

她们学校的教导主任是一个名叫梅耶的小姐。为了探究学生们每天在谈论什么，看看他们有没有反俄国的言论，她总是穿着一双走路时不出声音的软底鞋，以便在学生们说话的时候无声无息地走到他们的身边。

她们两人常在一起谈论这位教导主任。玛丽厌恶地说："这些人哪里是来教书的，完全是来监视我们的。"不久之后，玛丽因为表现出对俄国统治者的怨恨而遭到了校方的训斥。

1881年3月的一天，报纸刊登出头号新闻：俄国皇帝亚历山大二世被暗杀。

"万岁！"听到这条消息，玛丽和卡齐娅快乐地欢呼着，情不自禁地拥抱在了一起，在课桌间跳起舞来。那时候，全国上下正被迫为沙皇去世而服丧。

没承想，梅耶小姐突然闯入了教室，看到了这一幕，声嘶力竭地吼道："快给我停下来！"

玛丽和卡齐娅听到喊叫，急忙停下来。一看是教导主任，她们便低下了头。

"今天是全俄国的悲痛日，伟大的俄国皇帝陛下刚刚去世，你们应该感到沉痛！你们竟在这里跳舞，成何体统！说！这是为什么？正是有了俄国皇帝的恩泽，我们才能过上平稳、幸福的日子，不是吗？好了，我只讲这么多，你们也不必上课了，先回家去。我要把这件事告诉你们的大人，让他们知道你们都干了些什么，然后再决定怎么处置你们。"教导主任大声地说。

梅耶小姐的最后一句话击中了玛丽的要害，使她的心因恐惧而疼痛起来。她难过地想起，父亲在七八年前，正是由于对俄国奴化教育的不满而被撤职，并给全家带来巨大的不幸，如果因为自己这次的行为，再为父亲和自己带来麻烦，那会让父亲多么为难和痛心啊！

玛丽觉得受到了屈辱，回到家里，一下子便扑到爸爸的怀里，哭了起来："请原谅，爸爸……"

父亲慈祥地抚摸着玛丽的后背，问："要不我们转学？"爸爸知道玛丽如果出生在其他国家，她应该过着愉快的学生生活，可现在……

玛丽没有回答爸爸的话。哭过之后，她又拿起了书本。这次的经历让她感触很深！

玛丽是一个坚强的女孩，老师的恶言恶语并没有阻止她求知的欲望。虽然她很讨厌这样的学校，可是，为了获得足够的知识，她还是坚持了下来，留在了这所学校。

一天，上地理课的时候，玛丽看见同学莱欧妮·库妮茨卡眼泪汪汪的，清秀的面孔毫无血色。

下课之后，玛丽经过打听才知道，原来库妮茨卡的哥哥和同伴策划推翻俄国统治的活动，被人告发了，俄国人明天一早就要绞死他。

听到这条消息，玛丽惊呆了，她似乎看到了那个男孩年轻的脸，看见了绞架、刽子手、绞索……

那一晚，她和卡齐娅都没去上舞蹈课。为了安慰库妮茨卡，玛丽、布罗妮雅、卡齐娅和她的姐姐乌拉都守在库妮茨卡的屋子里，和她在一起。

其实她们也帮不上什么忙，只能为她分担一些悲伤。她们流着泪，温柔亲切地照料着痛苦的库妮茨卡，为她擦拭泪水……

▶ 快乐的乡村生活

在经历过重重磨难之后，玛丽终于迎来了毕业的一刻。1883年6月12日，玛丽参加了学校举办的中学毕业典礼。

"现在由教育院长向本年度毕业生中最优秀者授予金质奖章——玛丽·斯可罗多夫斯基！"

在嘹亮的军乐和雷鸣般的掌声中，玛丽把头发向后拢了拢，沉着地走上了领奖台，宽阔的额头闪出了美丽的光泽。

父亲也参加了玛丽的颁奖仪式，他抑制不住内心的喜悦，一双湿润的眼睛深情地注视着台上的小女儿。此时，玛丽像平时一样，穿着那套紧身的黑色礼服，胸前别一束茶红色的蔷薇，看上去像个大人一样。

父亲高兴极了："我们家获得过金质奖章的已经有三个人了——约瑟夫、布罗妮雅和玛丽，连家中最小的孩子也有了金质奖章。"

可是接下来，他便开始为女儿的前途发愁了。让玛丽做什么好呢？她还没有满16岁，而且身体十分单薄，现在就去工作，显然还早了一点儿；让玛丽继续深造，家里又拿不出这笔钱。父亲最后决定，在玛丽选择职业之前，先让她到乡间的亲戚家里去住一年。

父亲给亲戚写了一封信，很快，对方便回了信。信中说："一切已安排妥当，只等你们的到来！"

于是，玛丽离开了华沙，被送到了波兰南部克拉科夫的乡下。

玛丽先是住在叔叔克萨威尔先生的家里。克萨威尔叔叔是一个热情开朗的人，他拥有一个牧场，养着50多匹纯种马。在这里，玛丽穿着从表兄弟们那里借来的不甚讲究的马裤，学着跑马，变成了一个像模像样的女骑师。

除了骑马，玛丽还喜欢在森林里闲逛，在森林里看书。

在这里读书和在书房里读书有一种不一样的感觉，玛丽静静地感受着。在这样的环境中，玛丽的精神更加振奋，读书的时候也更加投入。

夏天过去之后，玛丽来到了斯德齐斯拉夫叔叔家。叔叔开朗乐观，他的妻子很美丽，他们的三个女儿整天都是笑着过日子。

中学毕业后在叔叔家的玛丽

每星期，家里都会来一些客人。她和三个堂姐妹一起，穿着农村姑娘鲜艳的服装，戴着面具，参加一种叫"库立格"的舞会。

她们坐在雪橇上，在黑夜中驶过雪地。看着小伙子们一个个穿着彩衣，骑着马在车辆左右奔跑，一面欢呼，一面挥舞着火把，玛丽觉得自己简直置身在童话里一样。

在另外一辆雪橇上面坐着几位乐师，用小提琴演奏着醉人的波兰民间舞曲——克拉科维亚克、马祖卡或华尔兹。雪橇颠簸着，虽然经过结冰的斜坡时滑得令人晕眩，但他们手中的弦却从来没有拉错一下。

没过多长时间，这支队伍便在一幢房子前停了下来。这一群高喊着的人下了雪橇，在一家已经睡觉了的人家门上敲了几下。

好客的主人听到声响，便在笑声和快乐的喧哗声中走出来，对来客表示欢迎，然后把这一群人引进了自己的家里，并热情款待。

几分钟后，乐师们就高高地坐在了一张桌子上，在火把和灯笼照耀之下，跳舞开始了，同时那早就预备好的食物也被端到了酒菜台子上。乐师们奏起了美妙的舞曲，青年们欢呼着，在前厅里翩翩起舞。

为了表示自己的感谢，玛丽还给他们进行了诗朗诵。大家看到玛丽这么优秀，都很喜欢她。

接着，这一行人又到了第二个朋友家，之后便是第三家、第四家……而主人们也跟着他们的客人一道上路。

太阳虽然已经升起来了，可雪橇上还响着铃铛，继续驰过积雪覆盖的田野。直到第二夜，这队雪橇才在这一地区最大的房子前停住，他们要在这里举办真正的舞会！

小伙子们和姑娘们有说有笑地拥进大厅之后，乐师们便一起奏起了乐曲。随着小提琴那热烈动人的旋律，16岁的玛丽迈着轻快的舞步在地板上舞动了起来。

这时候，有一个年轻的男孩，穿着得体的服装，邀请玛丽同舞，玛丽接受了邀请。他们一直跳到天亮，玛丽的鞋底都被磨穿了。

玛丽在给卡齐娅的信中说：

"上星期六我又享受了一次狂欢节的快乐，我去参加吕内夫斯基家的'库立格'。我想我从来没有那样快乐过。

"我们想起什么就干什么：有时夜里睡，有时白天睡；我们跳舞，我们淘气。照我们吵闹的程度，简直应该把我们关进疯人院里……总而言之，也许我这一生永远永远都不会再有这种快乐时光了，我很怀念这次狂欢节。"

▶ 加入流动大学

一年之后，玛丽回到了华沙。这时候，父亲年龄大了，已经日渐衰老，他虽然仍在学校里教课，但已经不再招收寄宿生了，家里也因此显得安静了许多。

为了补贴家用，几个孩子都开始想办法教书赚钱。玛丽也决心到职业介绍所去找一份家庭教师的工作。随后，她便贴出这样的一则广告："有文凭的青年女士讲授代数、几何、法语，授课费低廉。"

很快，就有几位家长跟玛丽取得了联系。

但这是一种费力不讨好的工作。不久之后，17岁的玛丽就感受到了家庭教师的辛苦和委屈。

为了节省一点车钱，她经常要在雨天和冷天穿过市区，走很远的路。不仅如此，这些请得起家教的学生往往既任性又傲慢，有些家长甚至还会经常让她在有穿堂风的门厅等很久。

一天早上，玛丽来给学生上课，她在客厅里等了很久，却迟迟没有见这名学生出来。等到中午快吃饭的时候，这个孩子才从外面急急忙忙地跑了回来。

原来，他今天和妈妈出去玩了，一时竟忘了家教这回事，到了中午的时候才想起来。

听到这样的理由，玛丽很生气！自己白白在这里等了半天！可是，这名学生却说："没事的，上午的半天也算在课时里面。"

玛丽本来有点生气，可是，看到对方说得还算合理，也就没有太计较。可是，一个月之后，玛丽真是生气了。

这家人没有真正要付工资的意思。本来说好工资是一个月一结的，可是，一个半月过去了，玛丽一分钱都没得到，更别说当初许诺的那一上午的课时费了。

玛丽并没有因此而感到过分的痛苦。因为在这个时期，玛丽除了从事私人授课的工作之外，还过着一种激动人心的秘密生活。

这种秘密生活给了玛丽无穷的力量，让她兴奋无比。虽然每天上课比较累，可是对于这种生活，自从开始的那一天起，她从来都没有停止过。

由于长期的民族压迫，当时的一些波兰青年在安排人生计划的时候，往往都会将为祖国服务的愿望放在第一位。

这些青年人认为艺术对救国的帮助不大。侵略者的目的是使波兰人变得愚昧，作为年轻的一代，就必须大力发展文化教育，来反抗沙俄的压迫。为了组织青年学生学习知识，他们创办了一所秘密学校——流动大学。

那时候，玛丽结交了一些热心的"实证论者"，这些人给了玛丽很大的影响。后来，玛丽就和两个姐姐一起参加了流动大学。

这个组织有定期的聚会。在聚会中，一些教师会为成员秘密讲授解剖学、社会学等学科知识。

大家聚在一起的时候，除了讨论学到的东西，还会互相传阅一些科技小册子和论文。这样，不仅让他们增加了知识，还培养了他们对祖国的信心。

流动大学的任务，除了对青年进行教育，还担负着传播知识的责任。玛丽就承担了教一家缝纫厂女工读书的工作。

每天只要忙完自己的家教工作，玛丽都会来到这个缝纫厂。厂里的女工大都是文盲，很少有人能够将一篇大段的文章流利地读下来。

玛丽的到来，给这家工厂带来了生气。这些女工不仅学到了文化知识，而且工作的劲头更足了。

这些女工非常感谢玛丽，为了表示谢意，她们时不时地都会拿出自己喜欢的东西送给玛丽。

玛丽能够体会到她们的心情，便更加积极主动地帮助她们。为了给女工们提供便利的学习条件，玛丽还一本本地搜集波兰文的书籍，办了一个小图书馆。

每天，除了工作和正式的上课时间，这些工人都会聚集在图书馆内读书。如果不认识字，玛丽就会读给她们听。

流动大学这种特殊的生活，使玛丽更加感到了自己应该担负的责任。40年后，居里夫人曾对她的这段经历进行了回忆，她说：

"这种活动的方式其实并不高明，所得的效果也很有限，但我仍然相信，当时我们确立的观念是唯一能促进波兰社会真正进步的。

"我们不能指望不使个人进步，就可以建设一个比较好的世界。为了这个目的，我们每个人必须努力设法让自己达到尽善尽美的程度。同时，我们还接受了作为社会成员的特殊义务——看我们的力量对于哪些人最有用，就去帮助哪些人。"

成长关键词：刻苦、无私、淡泊名利

名人名言·快乐

1. 只有信念使快乐真实。

    ——[法]蒙田

2. 人生最大的快乐是致力于一个自己认为伟大的目标。

    ——[英]萧伯纳

3. 做好事是人生中唯一确实快乐的行动。

    ——[英]西德尼

4. 快乐，是人生中最伟大的事！

    ——[苏联]高尔基

5. 快乐，使生命得以延续。快乐，是精神和肉体的朝气，是希望和信念，是对自己的现在和未来的信心，是一切都该如此进行的信心。

    ——[俄]果戈理

6. 快乐和痛苦从来不会同时降临到一个人身上，但是如果你追求它们中的某一个并且有所体验，你几乎总是不得不体验到另一个，它们就像受同一个大脑指挥的两个躯体一样。

    ——[古希腊]柏拉图

7. 我从来不把安逸和快乐看作是生活目的本身。这种伦理基础，我叫它猪栏的理想。

    ——[美]爱因斯坦

8. 一个有真正大才能的人会在工作过程中感到最高度的快乐。

    ——[德]歌德

第三章

Marie Curie

家庭女教师

> 17岁时你不漂亮,可以怪罪于母亲没有遗传好的容貌;但是30岁了依然不漂亮,就只能责怪自己,因为在那么漫长的日子里,你没有往生命里注入新的东西。
>
> ——[法]居里夫人

▶ 给 Z 先生家做家教

在布罗妮雅离开以后，玛丽为了负担姐姐和家庭的花销，开始去职业介绍所寻找长期的家庭教师工作。

经过一番选择，玛丽接受了一位律师夫人的邀请，成为一个 8 岁女孩和一个 6 岁男孩的家庭教师。

在一般人的印象中，家庭教师似乎是一个优雅而浪漫的职业。但实际上，在玛丽生活的年代，家庭教师的地位也就比佣人、花匠、厨师稍微高一点。

玛丽写信给表姐亨利埃特描述这个家庭说：

"……那位夫人和我的关系非常冷淡，让我都难以忍受下去。可是，为了赚钱供姐姐读书，我必须坚持！

"这家和其他有钱的家庭一样，在公开场合只说法语。他们可以六个月不付账，连点灯的油都吝啬，可是却用着五个仆人……

"最讨厌的是，他们口头极甜，可是话里总流露着诽谤，一种把人说得体无完肤的诽谤。我在这里学会了把人类认识得更深一点。我知道了小说里描写的人物并非虚构，也知道一个人不应该和被财富毁了的人交往……"

玛丽和表姐亨利埃特

玛丽本来希望可以不离开家，在华沙通过工作赚到一笔数目可观的收入，来支持自己和姐姐制订的计划，可是这份工作带给她的只是一个关于"被财富毁了的人"的教训。

于是，玛丽试着找一个可以给多一点工资的家庭。

一天，当玛丽上完课，回到家里的时候，看到家里多了一位客人。原来，这个人是为自己的主人来请玛丽去做家庭教师的。

这个人的主人是Z先生，住在斯茨初基一个偏僻的乡村。他答应，如果玛丽愿意做这份工作，他一年给玛丽500卢布的工资。

虽然去那个地方需要坐三个小时的火车，再坐四个小时的雪橇才能到，可玛丽还是爽快地答应了。因为，这样的薪资待遇确实不错！

Z先生虽然在当地算是比较富有的人，可是，他们的生活却显得有些简朴。他们的房子虽然比附近的农民住房稍微讲究一些，也只不过是一所老式别墅。这是一座大而低的板屋，一共有两层楼，阳台上全都镶嵌着玻璃。

玛丽来到Z先生家里之后，被安排住在二楼。玛丽原来预想，在这偏僻的乡村里，一定是一派田园风光，有草场和森林。可当她第一次打开住房的十字窗时，她看到的却是一根高耸的工厂烟囱，冒着浓浓的黑烟。一条河从工厂里流过，流进去时是清泉，流出来时却是污水，而且还泛着污浊有毒的泡沫。周围几千米内，是一望无际的甜菜田。秋天时，牛车载着沾满泥土的甜菜，从四面八方运往制糖厂。而这些，基本上都属于Z家。

Z先生是一位农学家，对各种农业新技术都非常精通，不仅管理着200公顷的甜菜，而且还拥有一家制糖厂的大部分股份。

Z先生家里一共有4个孩子，玛丽每天工作7小时，负责给其中的两个孩子上课，一个是18岁的长女布朗卡，另一个是10岁的次女安霁亚。

别墅里有一座美丽的花园，上完课之后，玛丽常常会到那里散步。

一次，在散步的时候，玛丽遇到了Z先生。

Z先生本来就是一个喜欢学习的人，通过一段时间的观察，他发现自己请来的这位家庭教师具有丰富的知识，而且充满了对学习的渴望。

当Z先生看到玛丽的时候，主动和她打了招呼："哦，玛丽老师！"

玛丽一看是Z先生，便走上了前："您的花园真漂亮！"

"呵呵！"听到玛丽的赞美，Z先生呵呵一笑。

"不过，"玛丽没有笑，却发出了自己的质疑，"您是一个农学家，按道理应该有一个书房。可是，我怎么没发现呢？"出于学习的爱好，玛丽对书房之类的地方非常敏感。

"我用不着书房！"

"用不着书房？"

"因为在我的制糖厂里有一个小图书馆！"

"图书馆？"

"是！那里藏着丰富的图书，都是我们祖父几代人收藏下来的。如果你愿意，在那里还可以借到书和杂志。"

"真的吗？"听到Z先生的承诺，玛丽的眼里焕发出了神采。她没有想到，这里不但工资高，而且还可以读书。

从那以后，玛丽便成了图书馆的常客。只要一有时间，她便会去图书馆借书。当然，她是不会影响自己给孩子们上课的。

在写给亨利埃特表姐的信中，玛丽这样介绍自己的新生活：

"我到Z先生家已经有一个月了，已经适应了新的环境。到目前为止，所有的事情还算顺利，Z家的人都很好，我和他们的大女儿布朗卡已经成了很要好的朋友。

"至于另一个学生安霁亚，她还算是个听话的孩子，不过有时很散漫。当然，谁也不能要求别人十全十美。

"……我目前过的是我这种'地位'的人过惯了的生活。教课之余，我还可以读一点书。Z先生比较有教养，他虽然很守旧，但却很有见识，有同情心，而且很讲道理。他的妻子虽然比较难相处，不过如果你找到和她相处的方式，她也是很和蔼可亲的。我相信，她还是喜欢我的。"

▶ 第一次恋爱

玛丽长得越来越漂亮了，她还不到19岁，却已经变成了一位优雅的女子。她皮肤光洁，头发浓密，蓝灰色的大眼睛闪烁着聪慧的目光。

不久之后，Z先生的长子卡西密尔从华沙回来度假。当他第一次看到玛丽的时候，就感觉到了玛丽的与众不同。

之后，只要一有时间，卡西密尔都会去找玛丽。经过一段时间的接触，卡西密尔发现玛丽不仅长得漂亮，舞蹈也跳得非常棒，而且还会划船、滑冰、作诗。

卡西密尔以前也认识不少的女孩，可是，玛丽的出现让他眼前一亮！卡西密尔感觉到玛丽和那些青年女子完全不同，不顾一切地爱上了她。

玛丽有着强烈的革命观念，同时又有着一颗敏感的心。半年多来的农村生活，即使工作很忙，她也强迫自己拼命学习，然而这儿几乎没有一个人能与玛丽进行对等的、机敏的、哲人式的探讨或对话，她有时几乎都为此焦躁不安。

精神上的荒漠对于一个有头脑、有追求的青年来说，可以说是最可怕的，甚至是致命的。她不知不觉地就把卡西密尔当作自己的知音和亲人了，她也爱上了这个相貌俊美、惹人喜爱的大学生。

玛丽的初恋情人卡西密尔

成长关键词 ➡ 刻苦、无私、淡泊名利

可是，这两个年轻人把世界上的一切都理想化了，以为一切清规戒律都是为别人制定的，和自己的生活无关。两个月后，他们计划结婚。

"父亲，我打算和玛丽结婚！"当卡西密尔将这个计划告诉父母的时候，对于Z家来说，无异于一个晴天霹雳。

"什么？结婚？玛丽？"母亲不敢相信。

"玛丽知识渊博，知书达理，虽然她的家庭很贫穷，但是从所受教育的程度上来说，我们两家是不分伯仲的。"卡西密尔分析着自己和玛丽的婚事，他确信父母一定会祝福他们的。

可是，卡西密尔没有想到这件事情却掀起了家里的巨大波澜。

"不行！"父亲大发脾气。

母亲几乎要昏过去了。他，卡西密尔，他们最爱的孩子，竟会选中一个一文不名、做家庭教师的女子！他原本可以很容易地娶到当地门第最好而且最有钱的女子！他疯了吗？

转眼之间，这个表面上自称把玛丽当作朋友看待的人家，却把社会等级的界限在卡西密尔和玛丽之间毫不留情地竖立起来。

虽然玛丽聪明、文雅、有教养，她的父亲在华沙也很受人尊重，但一百种好处也敌不过她家庭女教师的身份。

受到训斥的卡西密尔畏缩了。他本来就是个个性软弱的人，不只害怕家里人对他的这种态度，更没有勇气去挣脱社会等级的枷锁，所以，他最终乖乖地顺从了父母的意愿。

"玛丽，我们分手吧！"卡西密尔说。

听到卡西密尔的真心话，玛丽不想为难他，也就答应了。

这是玛丽的第一次恋爱。受了这些人的轻视，她感到了痛苦和耻辱。可是，玛丽却只能保持冷淡和沉默的态度。她甚至打定主意永远不再想到这次恋爱，而且今后再也不谈恋爱了。

玛丽真正的痛苦在于不能离开Z家！贫穷使她不能放弃这份工作，她必须每月给姐姐寄15～20卢布，这差不多是她工资的一半。

玛丽没有向Z家的人作什么解释，也没有争论。她忍受着屈辱，继续留在了斯茨初基，又恢复了以前的状态，好像什么都没发生过一样。

玛丽咬紧牙关，继续过着单调无味的生活。以她的收入，本来可以为将来积攒一笔学费，可她因为要帮助这个，帮助那个，所以生活也就越发困难。

1888年3月18日，玛丽给哥哥约瑟夫写了一封信，说：

"……我用我仅剩的一张邮票寄出这封信，此刻我一文不名，除非碰运气有一张邮票落在我手里，假期前我不能再给你写信了。

"……我多么希望回到华沙住几天啊！我不愿提起我的衣服，它简直没法再穿，非得补一补不可了。

"……我的灵魂也是一样受伤的。我深深希望能有几天从这种冰冷的环境里离开，能有几天不受批评，能有几天不必时时刻刻留意自己的言谈、表情和姿势。

"除了忧虑家里外，我在此地也有不少烦恼……如果不是为布罗妮雅着想，我一定立刻向Z家辞职，再找别的工作，虽然这里的报酬很高……"

不过，玛丽并没有就此消沉下去，她勇敢地同自己的消极情绪作斗争。这年11月，她写信给表姐亨利埃特说：

"我不知道等你再见到我的时候，你会认为我在这里度过的几年对我是好还是坏。所有的人都说，我的变化很大，不论是身体方面还是精神方面。这是很自然的！

"我来这里时才18岁，而这几年我什么没有遇到过？这段时间可算是我一生最残酷的时期，我对每一件事的感受都太强烈了。

"我竭尽全力来应付一切，我天性中的勇气占了上风，我有一种从噩梦中醒来的感觉……我有一个重要原则：不管是对人或对事，都决不屈服！"

▶ 父亲的支持和巴黎之行

1890年9月，Z先生家的家庭教师工作结束之后，玛丽回到了华沙的家。三年来，她做了多少回家的梦，多少夜晚因为这种狂喜而从梦中醒来，独自一人轻轻拭去眼角的泪水，让惨淡的月光和远处的狗吠声陪伴自己。

看到离别几年的小女儿终于回到家里，斯可罗多夫斯基内心深处一阵波澜起伏。作为父亲，斯可罗多夫斯基当然希望玛丽可以留在自己身边，但他明白，玛丽是一个有理想、有抱负的孩子，不能将她的生活局限在华沙的小圈子里。

一天晚上，斯可罗多夫斯基来到玛丽的房间，对玛丽说："孩子，爸爸当然希望和你住在一起，但是如果你以为像这样在家里陪着我就能让我快乐，那你就大错特错了。你的才华不允许你的人生停下脚步，我也没有到必须有人看护的地步。你的才能得不到发挥，才是真正让我痛苦的事情。玛丽，明年你就到巴黎去吧。布罗妮雅到那时已经毕业了，她应该可以帮助你了。在这之前，你要在生活上、学习上做好准备。"

听了父亲的一番话，玛丽非常感动。玛丽没有作声，她还能说什么呢？她依偎在慈祥的父亲肩头，喉头发紧，鼻子发酸，眼眶充满泪水。

父亲用温暖的手轻轻地拍着女儿的肩膀："我支持你去巴黎学习，可以推荐你到工农业博物馆去学习。"

"真的吗？"玛丽简直不敢相信。

"在那里，你可以获得比较多的实践机会。在不断的尝试中，还可以培养你在实验研究方面的爱好。"

在得到父亲的鼓励之后，玛丽终于开始认真计划去巴黎的事情了。她预测着一切可能，毕竟，自己快要24岁，再也不是来日方长的少女了。

为了帮助玛丽提高学习能力，斯可罗多夫斯基先生将女儿介绍给了自己的表兄约瑟夫·柏古斯基。由这位表叔负责玛丽去工农业博物馆的实验室学习。

工农业博物馆是一座两层的建筑，因为俄国人禁止设立实验室，但不反对建博物馆，所以才取了这个名字，来蒙蔽沙俄当局的耳目。

约瑟夫·柏古斯基是一位年轻的科学家。他一直尽力组织崇尚科学的波兰青年在一起学习科学知识。每到晚上或周末，青年们就聚集在这里做科学实验。

能够来到这个实验室学习，玛丽感到十分兴奋。她从小就对父亲书橱里的实验仪器十分好奇，想不到如今竟然可以亲自操作实验仪器。

第一次走进这里时，玛丽便被周围弥漫的药味吸引了。实验用的器械和试管在灯下发着寒光，那些穿着白衣的年轻人正聚精会神地探求科学的奥秘，连玛丽进来也没察觉到。

从那以后，每天晚上和周日，不管多么疲劳，玛丽都要到工农业博物馆去。在那里，她试着做一些物理和化学书籍中记述的实验，每个小小的成功都能让她高兴得跳起来。

虽然玛丽高中时期的物理、化学成绩不错，但那都是纸上谈兵。她觉得，书本上很多知识看起来很难理解，但通过实验，就会变得生动和通俗易懂起来。

因为缺乏经验，有时候玛丽会出现一些意外的事故或失误，虽然有点儿失望，但她告诫自己不能灰心。

通过不断的努力，玛丽觉得自己已经向未知的科学世界迈出了第一步。多少年后，居里夫人回忆这段经历时说，她在实验研究方面的爱好，是在工农业博物馆的初步尝试中培养出来的。

玛丽没有下定决心离开波兰，除了牵挂父亲外，还有另一个原因是她仍旧爱着卡西密尔。她希望他俩的事情能有一个好的结局，如果一切能称心如意，她宁可不去巴黎。

1891年9月，玛丽到喀尔巴阡山的察科巴纳度假。在那里，她与卡西密尔会面了。在这次会面之后，玛丽和卡西密尔的关系彻底结束了。当然，卡西密尔不会想到，自己一时的懦弱，会成就了一位伟大的女性。

这之后，玛丽开始为自己的巴黎之行进行准备。但是，自己的能力毕竟有限，她只好选择向布罗妮雅求助。

1891年9月23日，玛丽给布罗妮雅写信说：

"……布罗妮雅，我现在请你决定，是否真的能留我住在你家里，因为我可以来了，我已经能够支付自己的学费了。如果为我提供食宿不至于加重你的负担，就请给我一个确定的答复。

"今年夏天我经受了一些会影响我一生的残酷折磨，去巴黎也许可以让我的精神恢复正常。但是从另一个方面说，我不想让你太受累。

"听说你分娩在即，那我在你家里应该会有一点用处。假如我可以去巴黎，请你告诉我必须经过哪些科目的入学考试，以及最迟在哪一天可以报名。"

布罗妮雅的回信很快就到了，当然一切都没有问题。

名人名言·教育

1. 教育不能创造什么，但它能启发儿童创造力以从事于创造工作。

   ——陶行知

2. 一个好的教师，是一个懂得心理学和教育学的人。

   ——［苏联］苏霍姆林斯基

3. 只有受过一种合适的教育之后，人才能成为一个人。

   ——［捷克］夸美纽斯

4. 教育的目的在于能让青年人毕生进行自我教育。

   ——［美］哈钦斯

5. 幸福，就在于创造新的生活，就在于改造和重新教育那个已经成了国家主人的、社会主义时代的伟大的智慧的人而奋斗。

   ——［苏联］奥斯特洛夫斯基

6. 教育者的个性、思想信念及其精神生活的财富，是一种能激发每个受教育者检点自己、反省自己和控制自己的力量。

   ——［苏联］苏霍姆林斯基

7. 教育儿童通过周围世界的美，人的关系的美而看到的精神的高尚、善良和诚实，并在此基础上在自己身上确立美的品质。

   ——［苏联］苏霍姆林斯基

8. 教育植根于爱。

   ——鲁　迅

第四章

Marie Curie

异国的求学之旅

> 我们必须有恒心,尤其要有自信!我们必须相信我们的天赋是要用来做某种事情的,无论代价多么大,这种事情必须做到。
>
> ——[法]居里夫人

▶ 来到巴黎

1891年，玛丽乘坐最便宜的四等列车经过一段漫长的旅程后，终于到达了巴黎。

眼前的一切，都是另样的：人们在交流的时候，想使用哪种语言就使用哪种语言；书店里，不管是哪国的书籍都可以公开出售……

其中，最吸引玛丽的，是那条微微斜向市中心的平直大路。正是这条路指引着她——玛丽·斯可罗多夫斯基，走向了一所大学的大门。

啊，神秘的巴黎！永远笼罩在云雾中的巴黎！对于玛丽来说，巴黎永远意味着笛卡儿、拉普拉斯、拉格朗日、拉瓦锡等科学界的巨星，她到这儿来是为了攀登那险峻的科学高峰。

这是一所多么著名的大学呀！几个世纪之前，它就被人们赞誉为"宇宙的缩影"。著名的基督教的领袖人物——马丁·路德曾经说过："最著名、最杰出的学校就在巴黎，它的名字叫'索尔本'！"

虽然艰苦的旅途使她疲惫不堪，可是一下火车，那种在波兰时的被压迫感没有了。她第一次呼吸到自由国度的空气，感到身心都无比舒畅！

玛丽的姐姐布罗妮雅和姐夫在巴黎开了一家小诊所，他们腾出二楼的一间房让玛丽住。虽然比较简陋，可是玛丽并不在乎，她只是一心想着先去索尔本大学看看。

玛丽急切地告诉姐姐："快带我去索尔本大学，我现在就想亲眼看一看那个地方！"姐姐是最了解自己的妹妹玛丽的，玛丽的话音还没落，布罗妮雅便拉起她飞奔了出去。

当时，索尔本大学正在改建中。虽然原来的外观遭到了一些破坏，但是玛丽仍觉得处处都让人满意。

在校舍旁的墙上，贴着一张布告：

法兰西共和国理学院——第一学期

1891年11月3日在索尔本开课

在玛丽看来，这是光辉的字，神奇的字！

法国科学界在19世纪的确可以傲视其他欧洲国家，从法国院校培养出来的科学家都有非常深厚的数学根基，这使他们在近代科学的发展中立下了赫赫功勋。我们可以在法国学者中信手挑出许多世界级科学明星，比如：居维叶、安培、阿拉果、伯纳德·贝克勒尔和彭加勒等等。

法国科学界辉煌的过去和现在，无一不激励着玛丽，她像航海者寻找北极星一样，把巴黎当作她心目中的北极星！

玛丽将自己的名字玛丽·斯可罗多夫斯基写在了入学注册单上。

没过多长时间，玛丽朴素的外表、沉静好学的气质便引起了其他学生的注意。一时间，学生们对玛丽赞声不断。

"真是个与众不同的姑娘，她真是太漂亮了！"

"看她大眼睛，多美丽啊！"

"不！她那金色的头发比眼睛更美！"

……

1891年11月3日，索尔本大学理学院正式开课，玛丽成了理学院的一名学生。

为了能够更有效地进行学习，每天天没亮，玛丽就会起床。她总是提前来到教室，坐在第一排座位上，这样她就能够一字不漏地听清楚教授们的每一句话。

一个名叫李普曼的教授为他们讲授物理学实验，这名教授刚刚在彩色照相方面做出了卓越的贡献。没有多长时间，玛丽便听说了关于这位教授的很多事情。

原来，李普曼教授以前在读书的时候，学习成绩并不好。他只注重学习他感兴趣的课程，由于对其他学科的忽视，最终没有通过教师从业资格的考试。可是，在物理学（尤其是实验物理学）方面，李普曼教授却取得了巨大的成就，基于这一点，他在1883年被任命为数学物理教授，1886年被任命为研究实验室主任。

李普曼教授的讲课不仅条理清晰，而且很有分量，他常常告诫学生说："人的生命是短促的，而事业的进展则十分缓慢。"当玛丽听到这种颇带哲理的话时，渴望迅速进入科学殿堂的心情就更加急迫了。

李普曼教授也注意到了这位外国来的女生。经过长时间的观察，他发现这名女生总是坐在第一排，上课的时候总是目不转睛地盯着他的一举一动，认真听着他的一言一语。

李普曼教授认为这是一个十分勤奋的女学生，但他万万没有想到，这位不喜欢说话的女学生，后来竟然获得了诺贝尔奖，而且还比他早三年！

成为索尔本的学生之后，一个从没有想象到的科学世界在玛丽面前敞开了大门。所有教授的课对她来说都有着无比的吸引力。

李普曼、布提、保罗·阿佩尔……只要是公告上列出来的教授，玛丽都愿意认识。玛丽希望自己能够听到他们所有的课程，她觉得似乎永远不能满足内心对知识的渴望。

那些教授的头脑装满了科学的宝藏，他们的论证简洁清晰，极有分量；他们能够随意把世界缩小，玩弄着数字，玩弄着

衣着土气的玛丽坐在大学教室第一排听讲

成长关键词
刻苦、无私、淡泊名利

星辰，甚至以极自然的语气说："我拿起太阳来，再扔出去……"

玛丽脸上带着敬佩的微笑，蓝灰色的眼睛发出幸福的光芒。她想，还有什么比支配宇宙的不变定律更醉人？还有什么比发现这些定律的人类智慧更神奇？她的灵魂涌现一种冲动，要向那无穷无尽的知识前进！她觉得那些年的受苦和挣扎都是值得的。

▶ 在姐夫家的刻苦求学路

上课没多长时间，玛丽就发现自己遇到了两方面的困难：

一是她原以为自己的法语很不错，能够跟上教授的讲课速度。可是，事实证明，教授们讲课时只要稍快一点儿，她就跟不上了，听懂了这一句却没听清楚下一句，弄得她非常尴尬。二是她原以为自己的中学学习成绩很不错，到法国听大学课程是不会有什么困难的。可是，她很快便发现自己高估了自己原有的水平。

为了弥补这两方面的不足，玛丽不得不加班加点地学习，力争尽快赶上教学进度。

每天学校的课程一结束，玛丽就会夹着课本急匆匆地回到布罗妮雅的家，把自己关在小房间里，埋头学习。

巴黎是举世闻名的风景胜地，很多学生都利用课余时间出去游玩，而玛丽却没有。玛丽将自己的时间都用在了学习上，只有在学习中，她才能感受到幸福和乐趣。

住在姐姐家里学习，本来是有很多便利条件的。但是，对于玛丽而言，所有的这些便利，都不如姐夫给她带来的困扰大，虽然这种困扰是出自百分之百的善意。

玛丽的姐夫德鲁斯基出生在波兰一个富裕家庭，因为有同谋暗杀亚历山大二世的嫌疑，不得不逃亡。他先在日内瓦当革命政论家，后来又到巴黎学政治科学，再后来改变志愿成为医学院的学生，最后当了大夫。

出于医生的职业敏感，德鲁斯基大夫觉得玛丽总是埋头读书对健康不利，他觉得实在有必要劝一劝玛丽，便对她说："玛丽，你很有天分，这点我承认。你也应该努力，好不辜负这份天赋。但从医学的角度来看，一天到晚在室内学习而不外出活动一下，对健康是很不利的。因此，我有义务帮助你改变这种过分的做法。"

可是，对于他的忠告，玛丽置若罔闻。

看到自己的劝说没有发挥出应有的效果，德鲁斯基决定自作主张，给玛丽提供一些休闲的机会。

有一次，德鲁斯基提前买好了音乐会的票。

"玛丽，明天是星期天。晚上我们一起去听音乐会？"姐夫摇摇手中的门票。

"不了，没什么好看的！"玛丽回答。

"这场音乐会的歌唱家是波兰人。"姐姐马上说。

听说是自己国家的歌唱家演唱，玛丽说："好吧！"

第二天晚上，玛丽便舍弃了极其宝贵的学习时间，和姐姐、姐夫一起去欣赏这场音乐会。

听演唱会的人很多，其中不乏索尔本大学的学生。玛丽认得他们。

"很多你们学校的学生都来看，这个剧院的节目都是最好的！"姐夫一边走，一边说。随着人流，玛丽钻进了剧场。

这位优秀的波兰歌唱家演唱的波兰歌曲确实很不错，在场的所有观众，包括玛丽都受到了感染，激动万分。

但是，玛丽回到家后十分后悔，觉得这一晚上的时间没用来学习功课实在是太可惜了。她觉得只有先埋头学好科学知识，以后才有振兴波兰、为波兰效力的机会，现在应该把这份激情保存起来。

从此，玛丽便谢绝了姐夫的所有邀请。

看到玛丽这样，德鲁斯基大夫一点办法都没有了，他只好写信给他的岳父斯可罗多夫斯基先生：

"……我们这里一切都好。玛丽小姐学习很认真，差不多把全部时间都用在索尔本，我们只能在晚餐时候见面。

"她是一个独立性很强的青年女子，虽然您把她交给我照管，给我正式权力，但是她对我既不表示尊敬也不表示服从，而且嘲笑我的权威和我的郑重，把它视如敝屣。

"我希望能使她明白我这样做的道理。可是一直到现在，我的教师才干并没有显示出什么效力，不过您不用担心，我们彼此了解，住在一起也极为和气。"

这封信寄出去不久，玛丽便收到了父亲的来信。

想到很长时间都没有见到父亲了，玛丽很激动，急忙将信封打开。可是，里面的内容却让玛丽出乎意料。因为里面的论调和姐夫的论调一样，都是希望玛丽能够学会劳逸结合。

玛丽很生气，怪父亲不理解自己。可是，想到父亲也是为了自己好，她便消了火气。玛丽给父亲回了这样的一封信：

"……索尔本大学是一所著名的大学，这里学习氛围浓郁，无愧于人们对它的尊敬。我为自己找到了这样一个圣地而感到自豪。

"我在这里过得挺好的哦，请父亲放心！为了补上自己的不足之处，我在认真努力地学习，希望学期结束后，我能获得较大的收获。

"现在，除了学习，其他的休闲娱乐我不会考虑。我没有那么多的时间，现在我的学习如此紧张，如果将时间都用在休闲娱乐上，我会觉得很愧疚！

"不过，您要相信自己的女儿，我的决定没有错！"

接下来，玛丽便又开始了紧张的学习。从那以后，姐夫的干扰也减少了。

▶ 获得"亚历山大奖学金"

1893年7月,玛丽参加了物理学学士学位的考试。在20多人的考场里,她精神紧张,觉得字在自己的眼前跳动,以至于几分钟内都不能集中精力看考题。

这一天,要按成绩优劣依次宣读考上的人的名字。在大阶梯教室里,等待考试结果的人们恭候主考人的到来。

主考人进来的时候,教室里一下子安静下来,玛丽听到主考人念到的第一个名字居然是自己:"玛丽·斯可罗多夫斯基!"

听到自己的名字,玛丽一时间手足无措起来,同学们都来表示祝贺,玛丽却在同学们的祝贺声中跑开了,没有人能想象到当时的她是多么激动。

玛丽不仅在为自己的好成绩感到高兴。更令她高兴的是,她马上就可以回波兰了,马上可以准备回家了!

几天之后,玛丽便踏上了回家之路。

一路上,玛丽都在想象家中的情景。一下火车,玛丽便跑回了家。

见到女儿回来,父亲斯可罗多夫斯基非常开心,整天和玛丽有着说不完的话。

半个月之后,斯可罗多夫斯基和玛丽进行了一次谈话。他问玛丽:"现在你已经学成回家了,下一步的打算是什么?"

玛丽本来还想再花一年多时间取得一个数学学士学位,为自己今后的科学研究工作打下一个良好的基础,可是她的学费已经全部用完,不忍心再让年迈的父亲为难了。为了帮她求学,父亲放弃了生活中的种种享受，玛丽觉得十分惭愧。她实在是无法再回到巴黎了！

或许是上天在眷顾这位优秀的女孩，正当玛丽准备放弃再去巴黎的希望时，时来运转，她得到了一笔总数有600卢布的奖学金！

这是她的好朋友迪金斯卡小姐为她争取到的一笔很不容易得到的"亚历山大奖学金"——这个奖学金是专门奖给在国外学习的成绩优秀的学生的，让他们能在国外继续深造。

在索尔本上学的时候，迪金斯卡小姐就是玛丽的保护伞，让她免受那些自作多情的男生们的大献殷勤之苦。

现在，她又向所有的有关机构努力陈述了玛丽必须得到这笔奖学金的理由——如果这笔奖学金不给玛丽，那波兰就没有人有资格享受它了！如果玛丽因得不到这笔奖学金而辍学，那将是波兰的损失！

最后，发放这笔奖学金的部门被迪金斯卡小姐说服了，同意给予玛丽"亚历山大奖学金"。

当玛丽得知自己获得了这一意料之外的奖学金时，真是喜出望外。她可以再在巴黎度过15个月，直到拿到数学学士学位为止了。

玛丽满心喜悦地重返索尔本。见到迪金斯卡小姐的那一刻，玛丽真是又激动，又兴奋！如果上一次来索尔本是由于父亲和姐姐的大力支持，那么这一次，就要归功于这位好友的全力相助了。

由于这次有了不菲的生活费，在好友的劝说下，为了便于自己学习，玛丽为自己在一条街上找了一套条件较好的住房。之后，她便又将整个人投入到了繁忙的学业当中。

在写给哥哥约瑟夫的信中，玛丽说：

"任何人的生活都不容易，但是那有什么关系？我们应该有恒心，尤其要有自信！我们必须相信，我们既然有做某种事情的天赋，那么无论如何都必须把这件事情做成。也许在我们希望最小的时候，诸事都会变得很好。"

玛丽完全沉浸在科学研究中，她觉得奇怪，怎么会有人觉得科学枯燥无味呢？有什么东西比支配宇宙的定律更引人入胜呢？自然规律的和谐及微妙，使小说显得多么空虚，神话显得多么缺乏想象力啊！

1893年9月15日，玛丽从巴黎写信给约瑟夫，向约瑟夫诉说了自己的心情：

"我已经在一条干净的、秩序良好的街上，租好了我的住屋，租金是180法郎一年……比起我以前的租房，这儿简直是一座宫殿。

"又离开父亲确实使我感到难过，不过我能看出他老人家很健康，可以暂时不需要我，尤其是因为你住在华沙。而我的一生都将决定于在这里的学习……

"因此，我觉得还可以再留在这里，无须感到内疚。今天我要开始布置这一年里我要住的小地方，我要把家具整理好，其实那些被我称为'家具'的东西，加在一起还不值20法郎。"

名人名言·求学

1. 黑发不知勤学早，白发方悔读书迟。

　　　　　　　　　　　　　　——〔唐〕颜真卿

2. 养心莫若寡欲；至乐无如读书。

　　　　　　　　　　　　　　——〔明〕郑成功

3. 书犹药也，善读之可以医愚。

　　　　　　　　　　　　　　——〔西汉〕刘向

4. 三人行，必有我师焉。择其善者而从之，其不善者而改之。

　　　　　　　　　　　　　　——〔春秋〕孔子

5. 积财千万，无过读书。

　　　　　　　　　　　　　　——〔南北朝〕颜之推

6. 读书和学习是在别人思想和知识的帮助下，建立起自己的思想和知识。

　　　　　　　　　　　　　　——〔俄〕普希金

7. 读书无疑者，须教有疑，有疑者，却要无疑，到这里方是长进。

　　　　　　　　　　　　　　——〔南宋〕朱熹

8. 如果不想在世界上虚度一生，那就要学习一辈子。

　　　　　　　　　　　　　　——〔苏联〕高尔基

9. 人不光是靠他生来就拥有一切，而是靠他从学习中所得到的一切来造就自己。

　　　　　　　　　　　　　　——〔德〕歌德

10. 勤学如春起之苗，不见其增日有所长；辍学如磨刀之石，不见其损日有所亏。

　　　　　　　　　　　　　　——〔东晋〕陶渊明

第五章

Marie Curie

认识皮埃尔

> 科学的探讨和研究,其本身就含有至美,其本身给人的愉快就是酬报。
>
> ——[法]居里夫人

初识皮埃尔

重新回到巴黎后，当玛丽再次出现在索尔本物理实验室时，李普曼教授高兴地对她说："你回来得正好，这个实验室很需要你。你还可以像以前那样继续工作下去！"

对于教授的鼓励，玛丽感到由衷的高兴，原先的焦虑和苦恼，忽然间荡然无存了。李普曼教授知道玛丽在经费上有困难，就让玛丽参加了一项有经费的课题研究，以补充她学习费用的不足。

当时，钢铁和机械工业正如日中天，发展得非常迅速，汽车工业、电力工业、铁路运输工业都在加速发展：美国通用电气公司成立了，西伯利亚铁路动工了……这一切都加重了对钢铁的需求量和高质量的品位要求，但钢铁的磁化却严重阻碍了机械工业的发展。于是法国工业促进协会请求李普曼教授研究一个重要课题——各种钢铁的磁性性质。

玛丽很高兴自己有机会参加由李普曼教授领导的科学研究，因为这是提高自己科学研究素质的最好途径。但是，当时还有一个困难，就是没有适合的实验室供她使用。李普曼教授虽然有自己的实验室，但却找不到合适的地方让玛丽做实验。

这一次，玛丽又一次时来运转。正当她在为实验室发愁的时候，瑞士福利堡大学的物理教授科瓦尔斯基来巴黎做学术访问。

科瓦尔斯基教授是波兰人，从小就认识玛丽，所以很关心玛丽的学习近况。

当玛丽把自己的困难告诉他之后，这位教授给她想了一个办法："我想起来了，我认识一位在理化学校工作的年轻教授，他是一位很出色的物理学家，而且乐于助人，很富有同情心。他一定可以帮助你，他的名字是皮埃尔·居里。"

"皮埃尔·居里？"这是玛丽第一次听到这个名字，所以便很认真地问了一下。

"对！这样吧，明天晚饭后你到我家来喝茶，我把皮埃尔·居里也叫来，你们当面谈一下，好吗？"科瓦尔斯基教授说。

玛丽接受了这个建议。

第二天晚上，玛丽便和皮埃尔在科瓦尔斯基教授家里见面了。

在玛丽面前出现的是一个高个子青年人，穿着肥大而过时的服装，棕色的头发下有一双温和而熠熠发光的眼睛。他静静地靠在阳台门旁，表现出一种罕见的才智和个性。

后来，玛丽写道：

"当我走进公寓时，皮埃尔·居里正站在阳台门旁一扇窗前的角落里。他看起来很年轻，虽然事实上他已经35岁了。

"引起我注意的是他眼睛中流露出的那种坦率的表情，以及他高高的个子所显示出来的那种没有什么矜持的风度。

"我喜欢他那种从容不迫的谈话方式，我也喜欢他的淳朴，以及他既严肃又充满朝气的笑容。我们开始谈论科学……"

在皮埃尔眼里出现的则是一位严肃认真的年轻姑娘，她不仅体态优美，连那柔软的卷发，灰色的眼睛，宽大的前额也显得十分可爱；甚至连她那双散发着化学药品气味的手，都对皮埃尔很有吸引力。

如果说两人见面后，玛丽对皮埃尔有好感，那么皮埃尔这位从来拒姑娘于门外的男子，却一开始就被玛丽深深吸引住了，当然其中也夹着相当大的好奇心：这位姑娘在巴黎苦读是为了什么？

皮埃尔·居里

他们两人很愉快地谈起了彼此都感兴趣的科学研究问题。也许是由于玛丽那种不懂就问和谦虚求知的态度，使皮埃尔感到轻松、愉悦，并对她产生了一种尊敬。

这位很少在姑娘面前说话的人，竟侃侃而谈，尤其是当他发现她用一些专业学术语言或数学公式谈论自己的工作的时候。

玛丽越来越兴奋，皮埃尔感到这个姑娘非同一般。他还惊讶地发现，她甚至能够敏锐地发现一些细节上的问题，并与他讨论。

当皮埃尔在不知不觉中流露出惊讶时，玛丽揶揄地说："先生，我不明白，妇女能力有限，这种奇怪的见解您是从哪儿学到的？"

皮埃尔一边讲，一边觉得一切变得多么古怪：他，一位专心致志的学者，竟在一位年轻姑娘面前大谈艰深的物理学问题！而且还郑重其事的！

皮埃尔虽然觉得有些荒谬，但他仍然高兴地说下去。

当玛丽端起杯子喝茶时，皮埃尔看见她的手指变了形，他明白这是实验室的强酸灼伤的结果，他被深深地感动了，突然改变了话题，问道："您要住在法国吗？住不久，还是永远住下去？"

玛丽被这突然转变的话题弄得有点发蒙，过了好一会儿，她才说："今年夏天考试结束后，我就回到华沙去。我想秋天再回巴黎，但不知道能不能够做到。将来，我要在波兰当教师，波兰人无权利抛弃自己的国家。"

这时，科瓦尔斯基夫妇也加入了他们的谈话，于是，这三个波兰人开始谈到波兰的屈辱和他们义不容辞的责任。

皮埃尔发现玛丽在谈到波兰的未来时，十分激动，认为自己对波兰的复兴有着不可推卸的责任。这使皮埃尔感到生疏而不可理解。

这位在自由国度成长起来的学者，认为科学家唯一的责任就是关心科学事业的进展，一切与科学无关的事情都不应该过问，可这位天赋很高的玛丽小姐却要去阻止沙皇的暴政。皮埃尔的世界很大，但也很小，对科学以外的事情他以前很少去考虑。

▶ 产生好感

皮埃尔比玛丽大8岁，1859年5月15日出生在巴黎，他的父亲是一位医生。居里医生在行医养家糊口之余，还非常热衷于科学研究，经常在巴黎博物馆的实验室里做一些医学研究。

皮埃尔从小就喜欢独立思考，富于幻想。居里医生很懂教育心理学，知道如果让皮埃尔进学校读书，他一定不会是好学生，相反还会损害他的自尊心和智力。

居里医生让皮埃尔接受了"自由教育"，先让他在家里跟自己学，然后再请一位很优秀的教师教他。这种特殊的教育方法非常有效，皮埃尔18岁就成了理科学士，19岁成了索尔本理学院一位教授的助手。

1882年，当15岁的玛丽正就读于华沙一所公立高中时，23岁的皮埃尔已被任命为巴黎市理化学校的物理实验室主任了。

1880年，皮埃尔和他的哥哥雅克·居里发现了晶体的"压电效应"，即某些不对称的晶体在外加压力的作用下，由于极化而使其两端表面出现电势差的现象，这是"正压电效应"。

后来，他们继续这一实验，确定了产生压电效应的条件和变化规律，并于1881年发现了这一效应的逆效应。

除此之外，他们还根据压电效应制造出非常精密的静电计，用来准确地测量非常微小的电量，这种静电计被称为"五电石英静电计"。

皮埃尔在日后的研究中，又有许多卓越的发现，比如：居里精密天平，居里定律，居里温度……他对磁学的研究，至今仍是非常重要的。

美国物理学家塞格雷曾高度评价了皮埃尔所做的贡献，他写道：

"皮埃尔是第一个把今天我们称之为'群论'的概念引进物理学领域的人，这些概念包括极矢量和轴矢量之间明确的区别，以及对称性在决定什么现象可能发生时的重要性……他的观点的重要性已与日俱增。在 1894 年初他遇见玛丽·斯可罗多夫斯基时，早已有了很高的科学声望了。

"开尔文勋爵格外赏识他的才干。开尔文勋爵是英国著名物理学家、热力学奠基人之一，在 1890—1895 年担任过伦敦皇家学会会长，他在任会长期间与皮埃尔有密切来往。"

1894 年，皮埃尔已经 35 岁了，但他仍然单身一人，没有结婚。他之所以成了"大龄青年"，主要是由于他过度沉迷于做学问，害怕因为结交女朋友而耽误了他做研究的大事。

皮埃尔是那种视事业为生命的学者。他不愿意结交女友，也多少与他对女性的看法有关。

在遇见玛丽以前，他曾在日记中写道：

"女人只为了生存而喜爱生命的程度，远胜过我们男人；天才的妇女是稀有的，一般说来，对于一个严肃的科学家来说，妇女是一个绝对的障碍。"

如今他已经 35 岁了，多年的生活经历依然没有使他改变对妇女的看法。但是，在 4 月一个春意浓浓的夜晚，他意外地遇见了玛丽小姐，于是，奇迹便在皮埃尔面前出现了：一个以前从未料想过的神奇世界，在他面前敞开了……

皮埃尔非常愿意去拜访玛丽小姐，而且他惊讶地发现自己越来越迷恋这位波兰姑娘了。几天不见，他居然会坐卧不安。

皮埃尔出版了《论物理现象中的对称性原理》一书，他就打算将这本书送给玛丽，以此作为拜见玛丽的借口。

皮埃尔在扉页上工整地写道："著者皮埃尔·居里谨以尊敬和友谊赠送给斯可罗多夫斯基小姐。"然后，他以送书为托词，到李普曼的实验室去找玛丽。

收到了皮埃尔送给自己的书，玛丽非常高兴。玛丽天生对书籍就有一种无止境的喜欢，更别说这本书了，她对这本书的作者感觉良好。

皮埃尔的礼物也得到了回报：玛丽允许他到她的小房间去做客。皮埃尔觉得这可不是一般的允诺了，心中一阵欢喜。

当皮埃尔看见玛丽的房间那么狭小、简陋时，心中十分难过。皮埃尔也是一个不喜欢刻意追求物质享受的人，但他没有想到玛丽的生活竟然会如此贫困，简直让人无法想象！

他问玛丽："这些年，您是怎么生活过来的？"

"啊，我每月有100法郎，每天可以用3个法郎……"

"100法郎一个月？这么一点钱怎么能够您支付房租、伙食……"

"您少见多怪了，其实我的生活并不像您想象得那么糟。我很少待在家里，整天都在实验室，或者去大学听课；晚上我到图书馆去，一直到10点才回家。因此，我只需准备少许照明用的煤油就行了。"

当皮埃尔了解到玛丽的生活窘境，决定帮她找到一份工作。

▶ 结为连理

1895年是皮埃尔的双丰收之年。

爱情的力量是巨大的！在玛丽的督促下，皮埃尔克服了单身男子惯有的懒散的毛病，抓紧时间，终于完成了他的博士学位论文《在各种温度下物质的磁性》的写作。

3月份，皮埃尔的博士论文顺利地通过，之后，他被任命为理化学校的教授。

当了教授之后,皮埃尔更忙了。刚开始的时候虽然课时不多,可是,为了上好每一节课,皮埃尔需要花费一定的时间去备课,而且,有时候如果遇到好问的学生,他还得抽时间进行辅导。

这时候,玛丽便成了皮埃尔的左右手。玛丽不仅帮他收集资料,而且还对他的生活给予了更多的关心。

回到巴黎的一年后,玛丽经过认真地考虑,肯定了自己和皮埃尔之间的感情,她觉得自己和皮埃尔已经分不开了,便答应了皮埃尔的求婚。

皮埃尔和玛丽结婚的消息不胫而走,大家都来对这一对年轻的夫妇表示祝贺。为了表示祝贺,德鲁斯基大夫的母亲决定送给玛丽一件礼物,她现在也住在她儿子那里。

"玛丽,马上就要当新娘子了,我想送你一件衣服作为礼物。你说说自己喜欢什么样的。"德鲁斯基大夫的母亲说。

玛丽知道这位夫人的好意,欣然接受了。她说:"我只有每天穿的这一件衣裳。如果您好意要送一件给我,我想要深颜色、实用的,将来我还可以穿着它到实验室去。"

德鲁斯基大夫的母亲找来了一个当地最有名的裁缝——格莱夫人,在布罗妮雅的指导下,给玛丽缝制了一套海军蓝的毛料衣裳和一件蓝底浅蓝纹的上衣。玛丽穿上后显得又美丽又年轻。

结婚那天,玛丽梳好了她那极可爱的头发,穿上她的结婚衣服……没有白礼服,没有金戒指,没有喜宴,没有宗教仪式,也没有公证人,因为这对夫妇除了前一天用一个表亲寄来的礼金买的两辆崭新的自行车外,几乎一无所有。那一年夏天,他们就骑着那两辆自行车在乡间漫游。

他们的婚礼简单得不能再简单了,似乎没什么可说的,但相信读者看了艾芙的描述后,一定会深受感动。艾芙动情地写道:

"7月26日,玛丽最后一次在她租的小屋子里醒来。天气好极了,这个年轻女子的脸很美,露出一种她的同学们没有见过的神气。今天，玛丽小姐就要成为玛丽·居里夫人了。

"在以后快乐的日子中，结成了一种男子和女子间的最美丽的联系。两颗心共同跳动，两个天才习惯了共同思想。"

事实证明：玛丽只能嫁给这个大物理学家，只能嫁给这个聪明而且高尚的人。而皮埃尔也只能娶这个金色头发、温柔活泼的波兰女子，他们是同伴，是配偶，是爱人，也是学者。

是的，这真是一场美妙的婚礼，参加的人既没有漠不关心的，也没有好奇的，更没有嫉妒的。在西奥镇市政厅里，在萨布隆路皮埃尔的父母的花园里，只有布罗妮雅夫妇，还有几个十分亲近的朋友——大学里的同事。

斯可罗多夫斯基和海拉也从华沙赶来了。斯可罗多夫斯基用最正确、最文雅的法语和老居里医生谈话，他把这看成是颜面攸关的大事。

他首先很动情地低声对老居里医生说了句发自内心的话："您会发现玛丽是个值得疼爱的女儿。自从她降生以来，她从没有使我痛苦过。"

接下来，好消息一个一个地扑向了这对年轻的夫妇。

1896年8月，玛丽通过了大学毕业生担任教师的资格考试，而且还取得了第一名的好成绩。皮埃尔很为玛丽感到骄傲，作为奖赏，他带她游历了整个法国。

随后，玛丽在舒琴柏克的支持下，在理化学校谋得了一个职位，与皮埃尔一起在实验室里工作。

1897年的一天，玛丽发现自己怀孕了。得知这个消息的时候，皮埃尔简直惊呆了——有一个小居里要出生了。当居里医生夫妇知道自己快要做爷爷奶奶的时候，更是喜上眉梢。

接下来的日子，玛丽的饮食起居都受到家人的关注。可是，玛丽一刻都没有放弃对科学的追求。玛丽在怀孕期间，完成了论文《淬火钢的磁特性》，这显然是李普曼教授原先那个课题的研究方向。

这项研究告一段落后，玛丽还有两个任务需要完成：第一，她要做妈妈了；第二，她需要寻找一个合适的博士学位论文研究课题。

　　相比较而言，恐怕第二个任务更艰难。对于科学研究者来说，选择正确的研究课题至关重要。有人说：方向选择对了，就成功了一半。这话颇有道理。

　　好在这时正是19世纪和20世纪之交，正处于激动人心的科学时代，有才干的人找研究方向并不会太难。

　　这一年，玛丽28岁，皮埃尔36岁。

　　9月12日，居里夫人的大女儿出生了。他们给这个宝贝取名为伊伦娜·居里。

名人名言·爱情

1. 毫无经验的初恋是迷人的,但经得起考验的爱情是无价的。

   ——[俄]马尔林斯基

2. 真正的爱情能够鼓舞人,唤醒他内心沉睡着的力量和潜藏着的才能。

   ——[意大利]薄伽丘

3. 爱情使人心的憧憬升华到至善之境。

   ——[意大利]但丁

4. 人只应当忘记自己而爱别人,这样才能安静、幸福和高尚。

   ——[俄]列夫·托尔斯泰

5. 爱情里要是掺杂了和它本身无关的算计,那就不是真的爱情。

   ——[英]莎士比亚

6. 爱情是理解和体贴的别名。

   ——[印度]泰戈尔

7. 真正的爱,在放弃个人的幸福之后才能产生。

   ——[俄]列夫·托尔斯泰

8. 真正的爱情像美丽的花朵,它开放的地面越是贫瘠,看来越格外的悦眼。

   ——[法]巴尔扎克

9. 说到底,爱情就是一个人的自我价值在别人身上的反映。

   ——[美]爱默生

第六章

Marie Curie

科学时代的到来

> 我要把人生变成科学的梦，然后再把梦变成现实。
>
> ——［法］居里夫人

▶ 第一个实验室的建立

19世纪末，正当物理学家们为经典物理学的辉煌胜利举杯祝贺时，正当一部分科学家宣称物理学的大厦已经初建成时，从1895年，也就是玛丽和皮埃尔结婚的那一年开始，一系列从未预料到的伟大发现突然迅速地相继涌现了出来。

首先是1895年12月德国物理学家伦琴发现了X射线；接着，法国物理学家贝克勒尔于1896年3月发现铀元素的天然放射性；再过一年，英国的物理学家J.J.汤姆逊又发现了电子……这一系列发现，在物理学家、化学家面前展示出了一个光怪陆离、变幻莫测的神奇世界。

关于贝克勒尔发现放射性元素的消息报道后，并没有在科学界引起轰动。这时候，居里夫人正面临着一个任务——选择博士学位论文的研究课题。于是，她每天都埋藏在大量的文献中，寻找着自己感兴趣的研究课题。

在阅读了近几年的科学期刊后，居里夫人注意到了贝克勒尔教授关于铀射线的论文。她发现这种铀射线有点神秘，而且，总有一个问题让她不明白：铀射线的能量是从哪儿来的？其实，一直以来，这个问题也困扰着贝克勒尔和许多科学家。

居里夫人觉得这个问题很值得研究。她对皮埃尔说："这项研究很有吸引力，它是全新的。"

"是啊！还没有人做过深入的研究。"作为科学界的一个著名学者，皮埃尔也对这个项目稍微了解一点。

"皮埃尔，你说我能继续这个项目吗？"居里夫人提出了自己

成长关键词 ↓ 刻苦、无私、淡泊名利

的疑问。

皮埃尔非常了解自己的妻子，她的这种科研精神，早在他们还没有结婚的时候，他就领略过。他知道，妻子一旦作出决定，是任何人都改变不了的。当然，这些决定经常都是对的！

"当然可以了！"皮埃尔肯定了玛丽的想法。

在获得皮埃尔的肯定以后，居里夫人决定以这个问题作为自己博士学位论文的研究课题。

居里夫人的决定聪明而大胆。首先，这个能量来源的问题十分棘手，用已有的科学概念几乎无法对它作出解释，可她偏偏选中了这种难度大、内容新颖的研究课题，非大智大勇者不敢为也！

其次，当时世界上还没有任何一个女人想要成为理科博士。居里夫人明白，要想同男人建立平起平坐的关系，她的论文必须有独特的内容和实质性的科研成果。

再次，居里夫人是以又惊又喜的心情发现，贝克勒尔的重要发现尚未被人们重视，几乎还没有人作进一步的研究，因此选这个题目作研究，取得成功的机会比较大。

但与此相随的困难是参考文献太少，几乎一切都得自己从头做起。居里夫人发现除了贝克勒尔 1896 年提交的几篇学术报告以外，再也找不到其他参考资料了。

为了给自己创造一个研究的条件，居里夫人打算为自己找一间实验室。可是，找了很长时间都没有找到。

1897 年底，居里夫人在皮埃尔的帮助下，在理化学校找到了一间以前用来存放东西的小房间。居里夫人便将它作为自己的实验室。

这是一间怎样的房间啊！房里到处是厚厚的灰尘，霉气的味道足可以让人闻了就立即作呕，可是，居里夫人并没有太注意这些，而是希望能够尽快投身于自己的实验研究。

第二天，居里夫人便在这间屋子里开始了自己的工作。虽然，刚开始的时候什么仪器都没有，居里夫人还是兴奋不已。

居里夫人决定将自己家里的实验仪器统统搬到这个实验室。可是由于皮埃尔还要上课，她只能一个人搬了。

虽然自己的实验仪器不多，可是，为了不将自己的这些工具碰坏，为了节省一些钱，居里夫人都是一件一件地搬。这样往返了几次，居里夫人的衣服都湿透了。

居里夫人实验室内景

回到家里，居里夫人发现居里医生正站在自家的门口。

看到她满头大汗的样子，居里医生问："你这是在做什么？"

"我找了一个实验室，现在在搬东西！"居里夫人气喘吁吁地回答。

"为什么不雇辆车呢？"居里医生知道，自己的这个儿媳妇一定是为了节约。说完，便走了出去。

因为家里来了客人，居里夫人也就不方便再搬东西了，只好在屋子里等着。

这时候，她看到一辆马车停在了自家的门前。居里医生走了进来，说："就让这位先生帮忙吧！"居里夫人知道，居里医生给自己雇了一辆车，心头一暖。

居里医生和他们一起到了实验室，当他看到眼前的实验室时，心中一阵发酸！就连赶车的车夫也不相信似的看着她。可是，居里夫人对这些困难都不在乎，她为有了可以做实验的地方而满心喜悦："好了，我开始有了自己的第一个实验室！"

从这一天开始，这儿就成了居里夫人的第一个实验室。后来，她虽然也换过许多实验室，但这儿却是起点站，而且她要研究的是如此重要的课题。因此，她兴奋而满意的心情是完全可以理解的，把必需的仪器筹备得差不多以后，她便开始了自己的实验。

钋的发现

居里夫妇以放射性为基础，采用分步结晶这一新的化学方法，从沥青铀中分离出了新的放射性物质。1898 年 7 月，他们两人开始联名发表文章，第一篇文章的题目是《沥青铀矿中的一种新的放射性物质》。

为了将不同的元素分开，需要很好的设备，但居里夫妇没有，他们只好用"土法"苦干，先用他们的静电计设备测定沥青铀矿矿石成分具有的放射性强度，以此为线索追踪放射性元素隐藏在什么成分中。

他们两人在实验室常常是通宵达旦地劳作着，有时连饭也顾不上吃。居里夫人更加辛苦，她还要给女儿伊伦娜喂奶，一天得往家里跑几次。

几个月过去了，在不知不觉中，实验室窗子射进的阳光开始灼热逼人，原来是夏天来临了。他们没有白费时光，在这几乎和外界断绝来往的几个月里，他们终于将沥青铀矿中的所有成分都分离开了。

让他们又惊又喜的是，他们发现的不止一种放射性很强的化合物，而是两种！其中一种是沥青铀矿中含钡的化合物，另一种是含铋的化合物。

这就是说，如果他们的推断合理的话，则一种新元素隐藏在含钡的化合物里，另一种隐藏在含铋的化合物里。

他们又进一步确证，在含铋的化合物中，铋的放射性并非来自铋本身，而是混在铋内的一种极其微量的元素。

经过反复实验，他们认为可以利用两种金属溶解度不相同的特点进行再分离。加水使铋盐溶解后，从首先沉淀下来的渣滓中找到了放射性特别强的物质。

新的发现正向他们热情地招手！他们怀着激动而急迫的心情，加快了工作的进程。

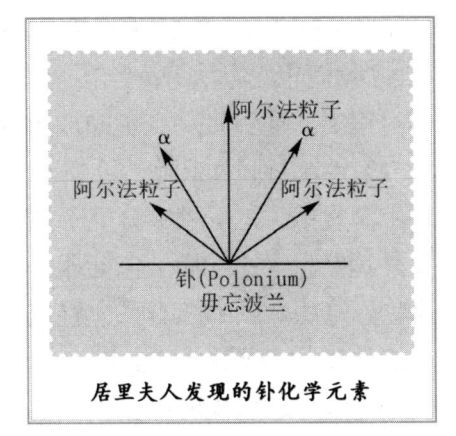

居里夫人发现的钋化学元素

1898年7月的一天，他们终于在铋的化合物里找到了一种新元素。

那天晚上他们回到家时，皮埃尔发现妻子陷入了沉思之中，久久不说一句话。

皮埃尔没有打扰她，知道她一定是在想什么重大的事。突然，居里夫人激动地抓住皮埃尔的手说："我侨居在远离祖国的土地上，可怜的祖国已经从地图上消失了，但是我要让祖国的名字永远铭刻在人们的记忆中。我想把我们刚刚发现的、在某种意义上来说是被解放了的元素叫作钋。"

这一决定充分说明，居里夫人现在虽然已经是一个法国人了，而且正在崭露头角，有望成为一名优秀的物理学家，但她并没有背弃她青年时期的志向和热情，没有忘记波兰人仍然在俄国的奴役下痛苦地生活着。

她不仅建议把新元素取名为钋，而且还把他们合作的第一篇论文在法国还没有发表之前，就寄一份给波兰的表兄柏古斯基。居里夫人正是在柏古斯基领导下的实验室里迷恋上自然科学和实验的。后来，他们的论文差不多同时在法国和波兰发表。她的这一行动，想必一定会使斗争中的波兰人民大受鼓舞，使他们在苦难中看到光明的未来。在他们的第一篇文章中，他们写道：

"有些含铀和钋的矿石（沥青铀矿、铜铀云母、非晶铀矿等）放射贝克勒尔射线的性质很强……如果有些矿石的放射性比纯粹的铀和钍还强，那就可能含有一种比上述两种金属还强的物质。

"我们想尽办法分离存在于沥青铀矿中的这种物质……在不同的过程中，越到后来产生的放射性越强。最后，我们得到的是一种放射性比铀强400倍的物质。"

沥青铀矿是一种成分复杂的矿石，它以铀为主，另外则含有多种其他元素的杂质，包括银、铜、铋、钡、锶和钴等金属的化合物，这些杂质中究竟哪一种成分含有放射性呢？这只能靠化学方法分离后，再用静电计比较其游离电流的大小才能鉴别。这样，他们一边用物理仪器测试，一边进行化学分析，结果发现含铋的成分显示出强烈的放射性，其强度比同样质量的铀强400倍！据此，他们在论文中继续写道：

"我们研究了已知的元素，看是否有放射性物质；我们几乎检查了所有元素的化合物……在进行化学研究时，我们密切注意观察在工作的各个阶段分离出来的物质的放射性情况。分离出来的每一种物质都放在电容器的一个板上，然后用静电计和压电石英仪器测量空气的导电率。

"最后只剩下铋的放射性。因此，我们认为从沥青铀矿提炼出的物质中有一种尚未被发现的金属，通过分析，发现它的化学性质与铋接近。如果证实这种元素确实存在，我们建议用我们两人中一人的祖国来命名，称它为钋。"

1898年7月18日，当居里夫妇把这一发现提交给法兰西科学院，由李普曼宣读的时候，没想到受到了科学院保守派的质疑。

居里夫妇认为用放射性方法检测、寻找新的元素是一种很有希望、很有效的化学分析方法，这种方法比光谱学分析方法更灵敏。但是，由于人们对放射性方法所知不多，因而不大相信可以用放射性方法来寻找、确定新的元素，仍然认为只有用元素的特征光谱才是确定新元素唯一可行的方法。科学院也拒绝把放射性方法作为识别元素的依据。

▶ 放射性新元素的出现——镭

1898年的9月,居里夫妇又回到了那间小小的实验室,以新的热情投入到继续寻找新元素的工作中。但这时却发生了一件让玛丽感到伤心难过的事情。

姐姐布罗妮雅和德鲁斯基大夫决定回波兰去,在波兰南部喀尔巴际山麓的一个地方开办一所肺结核病疗养院。他们和居里夫人一样,时刻不能忘怀自己的祖国,因此决定回去为改善波兰人民的生活贡献自己的一份力量。

居里夫人虽然感到难分难舍,但心中仍然为布罗妮雅他们的选择而感到骄傲。

1898年12月2日,居里夫人在给布罗妮雅的信中写道:

"你想象不到你给我留下的空虚之感。你们两个人一走,除了我的丈夫和小孩以外,我对巴黎无一留恋;而且除了我们的住房和我们工作的学校之外,现在我似乎觉得巴黎已经不存在了……"

这时,居里夫妇正在为寻找另一种放射性新元素而努力着,除此之外,居里夫人还得非常用心地照料女儿。他们很穷,收入不高,得精打细算才能让一家三口人正常地生活下去。她在一本食谱上写道:

"我用8磅果子和等量的冰糖,煮沸10分钟,然后用细筛滤过,这样可以得到14罐很好的果冻,不透明,可是凝结得很好。"

对于女儿的成长,年轻的妈妈也细心地做了许多记录。例如:

"1898年10月17日:伊伦娜已经学会走路,她不再爬了。"

"1899年1月5日:伊伦娜有15颗牙了!"

也正是在这期间，居里夫妇寻找第二个新的放射性元素又获得了成功。

1898年12月6日法国的《论文汇编》上发表了他们的第二篇文章《论沥青铀矿中含有一种放射性很强的新物质》。在论文中他们写道：

"在研究过程中，我们又发现了第二种放射性非常强的物质，其化学性质与第一种（即钋）完全不同。例如，钋在氨的作用下完全沉淀，而新发现的物质和钡的化学性质很相似，它不会在氨的作用下沉淀。用硫化氢、硫化铵或氨都无法使之沉淀。而且像钡一样，其氯化物溶于水，却不溶于浓盐酸和酒精。由它可得到钡的光谱，那是很好认的。但我们相信，这种物质尽管绝大部分由钡组成，但必定有一种产生放射性的新元素，其化学性质极其接近于钡。

"……我们取得了这种物质的氯化合物，它们的放射性要比类似的铀化合物强900倍。德马尔赛对我们的新物质进行了光谱分析，发现了一条光谱线（3814.8埃），这条光谱线不属于任何已知的元素。这条线的强度随着含这种物质较多的氯化合物放射性的增加而增加……"

接着，居里夫妇有信心地写道："种种理由使我们相信，新的放射性物质中有一种新的元素，我们建议将它命名为镭。"

他们在文章中还给出明确的实验对照：钋和镭的放射性比铀和钍大得多。底版在钋和镭的作用下30秒即可得到极清晰的影像，而如果用铀和钍就要几小时才能得到同样的结果。

镭的发现为科学家提供了比铀强几万倍的射线源，所以使放射线的研究突然变得十分活跃起来，这从有关放射线论文的增加即可看到这一变化。

按照德国文摘杂志《物理学进展》的统计，其增加情况如下：1896年7篇，1897年7篇，1899年18篇，1900年39篇。而且，1899年法国已获得工业处理镭原料的成功；到1900年，德国已制造出含镭的钡化物产品在商业领域流通。

英国著名科学家卢瑟福也在烟草商巨富麦克唐纳的资助下，购买了新的强放射性物质，并展开了卓有成效的研究。

人们对于居里夫妇的发现仍有很多非常谨慎的看法。这是很正常的事情，人们也有权利提出疑问，正是因为人们提出了许多问题，才使得放射性元素钋、镭的进一步研究取得迅速进展。

工作中的居里夫人

在科学界有一种很不好的现象，不少科学普及作品和某些科学史专著，总喜欢千篇一律地把反对者、怀疑者描述成"顽固不化的""阻碍科学前进的"势力，甚至连爱因斯坦因不同意量子力学的诠释也背上这种恶名。其实，在科学研究中如果没有各种各样的反对者、怀疑者，科学是根本无法前进的。

对于新元素的发现，化学家更是素来十分谨慎。按照一般的习惯，一种新元素只有在看见了它、接触了它、称量过它，用各种酸加以对比，把它放进了瓶子里，并确定了它的原子量后，化学家们才会相信它的存在。现在没有一个人见过纯净的镭和钋，也不知道它们的原子量，因此抱怀疑态度的化学家不少；还有一些比较保守的化学家更明白地宣称："没有原子量，就没有镭和钋。把它们的原子量测出来了，放在瓶子里让我们看见它们的纯品，我们就相信，否则无法相信！"

名人名言·科学

1. 真正的科学家应当是个幻想家；谁不是幻想家，谁就只能把自己称为实践家。

   ——［法］巴尔扎克

2. 科学是到处为家的，不过，在任何不播种的地方，是决不会得到丰收的。

   ——［俄］赫尔岑

3. 攻克科学堡垒，就像打仗一样，总会有人牺牲，有人受伤，我要为科学而献身。

   ——［俄］罗蒙诺索夫

4. 你要知道科学方法的实质，不要去听一个科学家对你说些什么，而要仔细看他在做什么。

   ——［美］爱因斯坦

5. 科学家的成果是全人类的财产，而科学是最无私的领域。

   ——［苏联］高尔基

6. 科学的基础是健康的身体。

   ——［法］居里夫人

7. 科学技术是第一生产力。

   ——邓小平

8. 科学的宗旨就是提供宇宙的真正写真。

   ——［苏联］列宁

9. 一旦科学插上幻想的翅膀，它就能赢得胜利。

   ——［英］法拉第

第七章

Marie Curie

镭的提取

> 科学家的天职叫我们应当继续奋斗，彻底揭示自然界的奥秘，掌握这些奥秘以便能在将来造福人类。
>
> ——［法］居里夫人

▶ 棚屋下的生活

物理学家与化学家不同，他们关心的是放射性元素活动的规律，皮埃尔也是如此。因为天然放射性违背了几个世纪以来学者们建立起来的物理规律，因此他们是有所怀疑的。持谨慎、观望的态度的人也不少。

为了平息各方面的怀疑乃至反对意见，对于居里夫妇来说，1899年的任务就是设法提炼出纯净的钋和镭，并精确测出它们的原子量。

为了提炼出纯净的钋和镭，居里夫妇在此后的四年中进行了科学史上最艰难的拼搏。

从什么原料中提取纯钋和纯镭呢？这是他们首先要解决的问题。他们知道，沥青铀矿的价格十分昂贵，而他们需要的量要以吨计，因此他们根本买不起。

不是可以申请科研经费吗？但皮埃尔知道，那几乎是不可能申请到的。这与法国的教育和科研体制有关。法国在对教育、科研进行了一番改革之后，官方插手干预进来，政府拨一定的款项资助教育、科研，本来对法国教育和科研有很大推动作用，但随着权力的集中和扩大，腐败和官僚主义也开始盛行于教育与科研部门，尔虞我诈、钩心斗角和沽名钓誉的作风十分严重。像皮埃尔这样耿直、不喜欢溜须拍马的人，很难得到上司们的欢心。皮埃尔深知其中弊病，所以根本不作那种指望。

居里夫妇有他们的穷办法。他们想，沥青铀矿在提取了铀之后，其中所含的钋和镭肯定会被原封不动地留在残渣中，那么，利用沥青铀矿，或利用沥青铀矿矿渣，对于达到他们的目的完全一样。

矿很贵，矿渣总不至于很贵吧？但这笔钱加上运输费，也是他们的微薄工资所承受不起的。

总算吉人自有天相，他们夫妇二人托奥地利的一位教授从圣约阿希姆斯塔尔矿那儿免费弄到1吨矿渣。矿方同意把储存在一座松林中的沥青铀矿残渣免费送给居里夫妇。

得到这条消息，居里夫妇开心极了。可是，阿希姆斯塔尔矿在波希米亚，将矿渣从那儿运到法国，需要的运费也很多。他们从收入中挤一点出来，又从其他地方借了一些，总算是支付了这笔运费。

接着，又一个问题摆在他们眼前。原来，他们的小实验室放不下这1吨矿渣，这可怎么办？

舒琴柏克校长了解到这个情况之后，主动出面帮他们寻找合适的实验室。但没有一个人愿意为这对贫困的学者提供帮助。最后，校长提出一个别无选择的办法：学校里有一个暂时废弃不用的仓库，可以供他们使用。

校长歉意地说："虽然不是很理想的地方，但也只好如此了，总比没有强吧！"

那是一个怎样的实验室啊！恐怕现在的人很难想象出当时的实际情形。我们先看看两位得过诺贝尔奖的科学家是怎么描述的吧！

德国化学家奥斯特瓦尔德在参观了居里夫妇的实验室后，难过而又愤愤不平地说：

"在发现镭还没多久的时候，经过我的恳切请求，才被允许进入参观居里的实验室。（居里夫妇那时出游去了）走进了实验室，我发现那竟是一所既类似马厩，又宛若马铃薯窖般简陋的房子。如果不是在工作台上看到一些化学仪器，我真以为这是一个天大的恶作剧呢！"

美国物理学家赛格雷描述得更为详细：

"这个实验室就跟一间漏雨的棚房一样，冬天潮湿，而在温和的天气里就会感到非常之热了。它没有具备任何一种现在认为不可缺少的化学实验室的条件，比如化学实验室用的各种防护罩。从健康的角度出发，这里完全不适合做放射性化学实验。但是，当时没有人知道放射性的危险性，而他们也没有更好的条件。"

居里夫妇完全被一种为科学献身的精神所激励。他们觉得这个被认为放死尸都不合格的棚子有一个最大的好处，那就是它那么破旧，那么没有吸引力，因此，绝不会有任何人会不允许他们自由使用。任何人知道这种纯洁的激情后，都会为之感动的！

矿渣运来了，这些气味不好闻的渣滓竟成了居里夫人眼中的宝贝。路上的行人奇怪地瞧着她，因为她像得了什么宝贝似的那么高兴。

一天早晨，一辆像运煤车的载重马车停在理化学校门前。有人通知了居里夫妇，他们穿着实验室的工作服，不戴帽子就跑到外面来了。

皮埃尔仍然保持他一贯的平静态度，但是居里夫人看见人们把一些粗布口袋往下卸的时候，就按捺不住自己的快乐了。

这是沥青铀矿！是她的沥青铀矿！她的好奇和急躁使她很兴奋，她要立刻打开口袋看看她的宝贝。她剪断绳子，打开粗布口袋，把双手伸进那暗无光泽的棕色矿物，里面还夹杂有波希米亚的松针。

镭就藏在那里面，居里夫人要从这种没有生气的东西里面提炼出镭来，即使她必须炼制一座山那样多，她也一定要做到。

▶ 纯钋和纯镭的艰难提取

皮埃尔在理化学校虽然硕果累累，却得不到提升。1898年初，巴黎大学空出了一个物理化学教授的席位，皮埃尔曾申请补这个缺位，但遭到了拒绝。

一位支持他的教授对他说："同你争夺这个教席的是一位高等师范学校的毕业生，再加上有些数学家也不同意你入选，你还能有什么办法。"

皮埃尔的数学水平的确不够让人信服，他自己也认为在这方面还赶不上妻子。现在，矿渣运来了，皮埃尔决定停止使他入迷的晶体研究，与妻子一起在那像马厩和马铃薯地窖的实验室里，为提炼镭而奋斗！

在恶劣的环境下，居里夫人像男人一样做着体力劳动。她和丈夫两人做了分工：皮埃尔身体不好，继续研究镭的特性；居里夫人则负责从矿渣中提取纯的镭盐。

居里夫人现在的工作是连男人干起来也嫌累的重体力活。每次，她都要把20千克的矿渣（这是她能举起的最重的重量）放进一个大锅里，用水加热直到沸腾，然后把这些沸腾着的溶液从一个罐子倒进另一个罐子。

提炼需要硫化氢，而硫化氢是一种有毒的气体，那灼热的、有毒的、刺鼻的蒸气呛得她剧咳不止，眼泪也不停地流向两颊、颈上……可是，她不但没办法拭去泪水，还得赶紧用一根很重的铁棒搅拌这些熔化了的矿渣。

他们没有通风罩，所以只好把这道工序放到露天院子进行。如果碰到雨天，他们只好把实验设备搬到室内，把门窗全部敞

成长关键词 ➡ 刻苦、无私、淡泊名利

开，让空气流通，否则他们会被刺鼻的浓烟呛得无法继续工作。

点火、熔化、过滤、沉淀、倒出、再熔化……每天，居里夫人像一个锅炉工一样干着沉重的体力活。他们在做世界上最伟大的一次科学发现工作，但法国政府和科学部门却不肯给他们一点帮助。居里夫人真是累极了。

皮埃尔·居里和居里夫人一起提炼镭

有时候，她会整天整天地用一根与她等重的铁棒，搅动着一堆沸腾着的东西，到了晚上，她已经是筋疲力尽，连动也不想动一下了……

居里夫妇既没有钱，也没有实验室，而且没有一个人愿意帮助他们把这件既重要而又困难的工作做好。

居里夫人在自己的自传中写道：

"真像是要由无中创出有来。假如我求学生涯中的几年是卡西尔·德鲁斯基从前说的'我的姨妹一生中的英勇岁月'，那么，我就可以毫不夸大地说，现在这个时期是我丈夫和我共同生活中的英勇时期。"

这真是人们永远不该忘记的"英勇时期"！居里夫人后来每次回忆起这段逝去的艰苦岁月，总说它是"我们生活中最美好的几年"。

居里夫人的怀旧之情，在下面几段回忆里可以看得非常清楚：

"我们这间可怜的棚屋里，安静极了。有时候，我们会来回踱步，一面留意着某个实验过程，一面谈论着目前和将来的工作。我们觉得冷的时候，就从火炉上取一杯热茶喝，提提精神。我们像做梦一样只惦记着一件事……

"有时晚饭后，我们还要回去看上一眼。我们没有什么东西可以遮盖那些珍贵的产品，只好把它们放在桌子上、木板上。从各个角度都可以看见它们微微发光的轮廓。光仿佛是悬于黑暗之中，使我们感到无比激动和快活。"

但是，现实也向他们展示了极其残酷的一面，美好的理想有时也对这些残酷的现实无可奈何。一段时间之后，皮埃尔开始感到全身疼痛，有时连起床和行动都感到困难。

皮埃尔去看医生。诊断的结果是关节炎，医生认为是棚屋的潮湿造成的。医生叮嘱他要节制饮食，不要吃肉，不要喝酒。

居里夫人更惨，她面无血色，浑身无劲，有时像得了嗜睡病一样，整日昏昏沉沉的。

自从1897年老伴去世以后，老居里医生一直与他们住在一起。他看见居里夫人的身体越来越不行，就坚决要她去医院检查一下，怕她得了肺结核，她妈妈不就是患这种病丢了性命的吗？居里夫人听从了这个建议，到医院去做了检查，结果证明她并没有得肺结核。

居里夫妇真是将自己的生命力用到了极限。皮埃尔一个月的工资只有500法郎，现在有了小孩，又雇了一个女仆和奶妈，他们几乎入不敷出，而且他们种种试图增加收入的努力都失败了。

有一天，皮埃尔在筋疲力尽的一天过去后，沉重地对妻子说："我们选择的生活是多么艰难啊……"

▶ 诱人的机会

1900年的初夏，忽然有一个十分诱人的机会向他们两人招手，这个机会不是法国提供的，而是瑞士日内瓦大学校长提供的。

一天，皮埃尔收到一封来信。由于一整天忙着工作，皮埃尔也就没顾上看，直到晚上要休息的时候，才想起来。

皮埃尔将信封打开，从里面取出了一张信纸。虽然上面的文字不多，可是却说明了来意。信的内容是这样的：

"经过研究，我校决定聘请您担任我们学校的物理学教授。

"如果您愿意，详细事宜面谈！"

皮埃尔将信交给妻子，居里夫人看了之后，说："教授？这样我们不是有钱了？好！"

看到妻子开心地笑了，皮埃尔郑重其事地说："明天我就去和他们详谈。"

第二天，皮埃尔收拾好，赶到了日内瓦大学校长的办公室。校长热情地欢迎了他："这是担任物理教授的待遇，你先看看。"边说，边递给皮埃尔一份文件。

皮埃尔看到这份文件，顿时惊到了：年薪1万法郎，还有住房补贴；他将领导一个实验室，居里夫人还可以在这个实验室里有一个正式职位。

不过，皮埃尔并没有将自己的欣喜在脸上表露出来。

校长还许诺：一旦谈妥之后，实验经费可以增加，并且可以增添两名助手；在考虑实验室的财力之后，实验室的仪器也可以置备齐全。

天哪，这简直是天上掉下来的馅饼！年薪1万，还有房补、实验室，经费足，仪器全，妻子也可以正式安排职位……这在法兰西共和国恐怕是做梦也想不到的啊！

回到家里，当皮埃尔将这个消息告诉居里夫人的时候，居里夫人搂着他不禁跳起来。

"去不去？快说，去不去？"皮埃尔征求妻子的意见。

"当然去，这还有什么可说的！至少可以出一口恶气吧！"居里夫人爽快地回答，再没有比这更令人兴奋的事情了。

很快，他们便将这个决定告诉了日内瓦大学校长。

7月，居里夫妇一同到瑞士去了一趟。在那里，他们受到了瑞士同行的热烈欢迎。

但到了 8 月，他们两人又改变了想法。这还得要从居里夫人的实验说起。

来到瑞士学校，虽然能够获得较好的生活条件，可是，居里夫人慢慢发现，这种选择是不明智的。因为选择了那里，就意味着放弃对镭的研究。

"如果那样做，我们关于镭的研究就会功亏一篑。"居里夫人将自己的疑虑告诉了皮埃尔。

"其实，刚开始的时候，我也想过这个问题。可是，为了让你生活得好一些，我也就答应了。"皮埃尔回答说。

"你知道，我是不能放弃对镭的研究的！"居里夫人说。

经过一晚上的商量之后，居里夫妇最终作出了相反的决定。

促使他们没有离开巴黎到日内瓦去，恐怕与另外一个因素也有关系，那就是彭加勒的干预。

彭加勒当时被认为是世界数学界领袖人物之一，他在法国是很有影响的人物。当他听说居里夫妇要离开法国后，立即和同事们一起向有关方面陈述了其中的利害关系。结果皮埃尔顶替了索尔本附属的理化自然科学研究所的一个教学空缺位置，而居里夫人则被接纳到凡尔赛附近赛福尔女子高等师范学校执教，担任物理课的教学工作。

在这所学校的历史上，还从来没有女性上过讲台，她是第一位。居里夫人一生真不知占了多少个第一！

这样，他们在家庭收入方面就比以前强多了，至少不会再为超支发愁了。但他们的实验条件仍然没有丝毫的改善。

由于居里夫人每周两次去女子高师讲课，而且她的认真精神使她要花不少时间备课，这使得她比以前更忙了。

皮埃尔继续向有关方面争取更好的实验条件，他们有了更紧迫的感觉。因为国外有一些设备比他们好得多的实验室也正在为提取纯放射性元素而奋起直追，如果他们的条件不能得到改善，而又为教学疲于奔命的话，说不定他们最终会落到同行科学家的后面，那几年来的拼死奋斗就会化为泡影。

居里夫人在自传中伤心地写道：

"进行过类似奔走的人，都知道在经济上和行政上遇到的那些困难，也清楚为了要得到最少的好处必须写多少呈文，进行多少拜访和申请。

"皮埃尔·居里因此很疲倦而且很沮丧。这种毫无效果或效果甚微的奔忙，不仅影响了他的工作效率，而且也影响了他的身体健康。"

正在居里夫妇异常艰难地在法国拼搏时，他们最强劲的对手卢瑟福，正在加拿大麦克吉尔大学优越得多的条件下奋起直追。

1902年2月5日，在"激战方酣"之时，卢瑟福在一封信中写道：

"我眼下正忙于起草将要发表的报告，还要继续做新的实验。我不能停下来，总有一些人要想尽办法超过我。在这个领域里，我最强劲的对手是巴黎的贝克勒尔和居里夫妇。近年来，居里夫妇在放射性物质方面已经完成了一项极其重要的工作。"

卢瑟福没有说错，居里夫妇正在做最后的冲刺，成功在望。

居里夫人用她自己创造的分步结晶法先从每吨沥青铀矿中提取10～20千克的硫酸钡，然后把硫酸钡变成氯化物。这些氯化物的含镭量大约是万分之三。

▶ 镭

1902年初的某一天，居里夫人终于把提炼出来的0.1克的纯净镭盐送到德马尔赛那儿，请他对提纯物是否纯净进行检验。

1902年3月28日，她在记录本上兴奋地写下：

"1Ka＝225.93，即一个镭原子的重量。"

当这几千次分步结晶的产物最终提炼出来时，他们两人虽然已经精疲力竭（居里夫人体重减少了7千克），但他们的兴奋之情却是难以言表！

这天夜晚，居里夫人上楼走进女儿的房间，想看看伊伦娜睡着了没有。下楼后，她穿上衣服准备出门，皮埃尔知道她又想到实验室去看她的宝贝，于是也戴上帽子跟了出来。

外面漆黑一片，他们顺着几年来闭着眼也能走的路来到他们的棚屋，打开门走了进去。居里夫人轻声说："千万不要开灯……你瞧！"

镭就在他们面前的桌子上，一缕略呈蓝色的荧光在那儿愉快地闪耀着，宛若神话中的小仙子在黑暗中向她挥手致意。

"我的梦应验了……我曾多少次在梦中看见它熠熠发光，现在它果然发光了……"

两人找到一张有草垫的椅子坐下，面向那发出神秘荧光的地方。居里夫人身体微向前倾，热切地望着"小仙子"体内流溢出的寒光。

居里夫人无声地抽泣起来，皮埃尔用手轻轻地抚摸着她的头发。他们俩就这样静静地坐着，看着那"小仙女"翩翩起舞……

居里夫人把最终测定的镭原子量在法国科学院以《论镭的原子量》为题目宣布了，科学界再也没有人怀疑镭的存在了。虽然纯金属镭还没有提炼出来，但镭有它的特征光谱，有确定的原子量和它所特有的种种奇异特性，还能怀疑它是一个新元素吗？

居里夫妇终于引起了法国和世界各国科学界的极大重视。在法国，他们两人一时成了巴黎各个豪华沙龙的中心话题。法国科学院立即拨款2万法郎用于提炼放射性物质。

无孔不入的记者们也开始把他们的目光瞄向了这两位贫困而卓越的科学家。

他们报道说："神奇的、可以治疗癌症的镭，是由一位年轻的贤妻良母历经四年极其艰难的努力，才获得最终成功的——而那发现镭的地方竟是一间漏雨的破棚子！"

这些报道像火把一样瞬间点燃了巴黎人丰富的想象力。各种各样带着崇敬但极度夸张的故事不胫而走。

居里夫妇一夜之间成了1902年的明星。

居里夫妇的困境，引起了他们许多朋友的难过和关注。里尔大学物理教授萨尼亚克曾写了一封感人肺腑的信给皮埃尔。

信中写道：

"1903年4月23日，星期四清晨。我请您不要忘记我是您的朋友。您的朋友，当然，是您一个年轻的朋友，但总算是您的朋友吧。正因为如此，我希望您耐心读完我的信，然后认真想一想。

"当我在物理学会遇到居里夫人的时候，我被她容貌巨大的改变震惊了。我知道她正在写博士论文，工作太辛苦，论文答辩后她一定会安安静静地休息一下。但是，她的身体实在太弱了，根本不能如此不顾一切地工作，如果我像你们两人那样工作，我恐怕早就倒下了。

"我这样说是为了说服您，你们两人几乎都没吃过什么有营养的东西。我有幸同你们一起吃过一次饭，我发现居里夫人只吃了两片香肠，喝了一杯咖啡。请想一想，这样下去身体怎么能好得了呢……"

朋友们不仅为他们的处境担心，而且出谋划策想改善他们的境遇。阿佩尔甚至请求皮埃尔做件好事，同意被推荐为荣誉勋位团的一员。

阿佩尔还写信给居里夫人：

"请您运用您的影响力，让皮埃尔不要拒绝荣誉勋位的推荐。这件事本身的确并不重要，但是它会产生实际的效果——实验室、拨款等，这才是最重要的。"

但刚正不阿，不再愿意阿谀献媚、曲意逢迎的皮埃尔坚决不干，他回信给阿佩尔说："请您代我向部长致以谢意，并请转告他，我不需要勋位，我最迫切需要的是一个实验室。"

▶ 父亲的离世

就在居里夫妇取得辉煌成就的时候，1902年5月从华沙传来噩耗，居里夫人的父亲因胆囊开刀出了意外，要居里夫人马上赶回华沙。

居里夫人心急如焚，恨不得立即赶回华沙，回到父亲身边。她欠父亲的太多了！如果在他老人家生前还能看一眼心爱的小女儿，那该多好啊！

可是，上帝真是太残酷了！当时，居里夫人正忙于手头的一个实验，如果提前离开，就等于半途而废，所有的数据就得重新算一遍。最终，居里夫人决定先将实验做完。

可是，后来居里夫人又遇到了麻烦。办理出国护照手续繁多，等了好几天她才坐上东去的火车。居里夫人知道她可能无法见到父亲最后一面了，就急忙发了一封电报给家里，求家人无论如何等她回华沙后再下葬。

哥哥、姐姐们听从了妹妹的这一要求。居里夫人赶到家中时，见到了已放进棺材的父亲，父亲那毫无表情的脸似乎因为在临死前没有见到小女儿而万分遗憾。

居里夫人一头扑到父亲的身上，失声痛哭起来："爸爸，请你饶恕不孝的玛丽吧，我不该成为法国人，我为什么要留在法国……我一毕业就该马上回到你身边和你一起生活，照料可怜的爸爸……我早就期盼着这一天，但我却硬着心肠没有做到这一点……请爸爸原谅我吧……原谅我这不孝的女儿吧……"

哥哥和姐姐们好不容易才把居里夫人从父亲身边拉开，劝说道："当爸爸知道你给你发现的第一个元素取名为钋时，爸爸高兴得流了泪，和我们一起举起葡萄酒干杯，还高喊'波兰万岁'呢。"

"玛丽，你看看爸爸临终前给你留下的信吧。看了信你也许就不会那么伤心了。"

居里夫人拭去眼泪，从姐姐手中接过信，默默念着那用颤抖的手写出来、完全不像父亲平时那美丽而潇洒的字。信上写道：

"你现在有纯镭盐了！若是计算一下所费的劳力，这确是化学元素中最贵重的元素了。但这件工作似乎还只有理论上的价值，实在是太可惜了。

"华沙没有什么新鲜事，天气温和，仍很清凉。现在我必须回到床上躺下，因此我将结束这封信，并且亲切地拥抱你……"

斯可罗多夫斯基先生如果再多活一年零七个月，他就会知道他的女儿为波兰人争得了更大的光荣——获得1903年诺贝尔物理学奖！他该会多么自豪、多么高兴啊！上帝对于斯可罗多夫斯基先生的怜悯，似乎是太吝啬了一点。

居里夫人遭此沉重打击回到巴黎后，身体迅速垮了下去。她吃不进饭，睡不着觉，还常常因梦游症在室内走来走去。皮埃尔吓坏了。

这时，皮埃尔也正陷于沮丧之中。

他的一个朋友马斯卡尔一再坚持，让皮埃尔参加科学院院士的竞选，皮埃尔刚开始时是不同意的，可是经不住朋友的软磨硬泡，终于被说服了。

物理学部一致赞成他入选，看来皮埃尔当选应该没什么问题了。

但是，当时竞选科学院士时，有一条不成文的规定：每位申请人必须到每个院士家登门拜访，除了向他们表示敬意以外，还得在他们面前自吹自擂一通才行。

这种呼朋引类、看人眉睫的俗不可耐的风气，很为一些正直的学者们所反对，皮埃尔更是其中的激进者，这使一些院士大为不满。结果，他以20对23票落选了。

这次事件对皮埃尔产生了很大的影响，其中不仅仅是因为落选，最重要的是他对于自己的行为感到恶心。因为他虽不情愿，但毕竟还是屈从了旧势力，低三下四地去拜访他并不想拜访的一些院士。

一位法国记者曾这样描述皮埃尔为竞选院士而必须做的事：

"上楼梯，按门铃，报到，说明来意……这一切使这位候选人已经感到丢脸。然而，接着他必须先为自己唱赞歌，夸耀自己的知识、著作及工作，而在他看来，这是对人类力量的一种苛求……在落选后他变得心灰意冷，英雄气短，全身疼痛的毛病也似乎更严重起来。"

新的一年刚刚开始，皮埃尔的风湿病连连发作，剧痛使他痛苦不堪。

皮埃尔的沮丧也可能是引起居里夫人失眠、轻微梦游的原因之一。她常常看着他忐忑不安，但又无可奈何。

有一天，居里夫人突然惊慌地对皮埃尔说："皮埃尔……如果……如果我们两人中死了一个，那么剩下的一个也不可能继续活下去，是吗？我们两人是不能分开的。"

皮埃尔开始没明白她说的是什么意思，等明白后，他十分坚定地对居里夫人说："你错了，玛丽。如果我们两人之中有一个不在了，那研究也不能中止。你要明白，你要记住，我们的研究不仅仅是属于我们两个人的，科学家没有权利背弃科学这个终极目标，无论发生什么事，一个人即使成了没有灵魂的躯体，另一个人也应该照常工作。"

名人名言·劳动

1. 良好的健康状况和高度的身体训练,是有效的脑力劳动的重要条件。

 ——[苏联]克鲁普斯卡娅

2. 劳动使人建立对自己理智力量的信心。

 ——[苏联]高尔基

3. 劳动和人,人和劳动,这是所有真理的父母亲。

 ——[苏联]苏霍姆林斯基

4. 在人的生活中最主要的是劳动训练。没有劳动就不可能有正常人的生活。

 ——[法]卢梭

5. 人生的意志和劳动将创造奇迹般的奇迹。

 ——[俄]涅克拉索夫

6. 沉思就是劳动,思考就是行动。

 ——[法]雨果

7. 知识是从刻苦劳动中得来的,任何成就都是刻苦劳动的结晶。

 ——宋庆龄

8. 持续不断的劳动是人生的铁律,也是艺术的铁律。

 ——[法]巴尔扎克

9. 真理是认识事物的工具,是人们前进和上升的道路上的阶梯,真理都是从人类的劳动中产生的。

 ——[苏联]高尔基

10. 脱离劳动就是犯罪。

 ——[俄]列夫·托尔斯泰

第八章

Marie Curie
荣誉的获得

> 为公众的幸福工作的人，不论在哪个部门，都不能被国界所隔断，他们的劳动成果并不只属于一个国家，而是属于整个人类。
>
> ——［法］居里夫人

▶ 关于镭的演讲

镭的发现是居里夫妇完成的最重要的工作，也是他们做出的最重大的贡献，在科学界引起了极大的重视。

法国著名数学家彭加勒甚至说："'伟大的革命家镭'登上革命舞台时，它从根本上震撼了经典物理学。"人们之所以会这么重视居里夫妇的发现，不是没有原因的。

首先，在门捷列夫发现元素周期表以后，科学界对于找到一种元素，并用它来填补元素周期表内一个空位，总有十分惊奇的感觉，并因此总是给予极高的评价，把它看作化学领域里极为重大的进展。而当时化学工业正日新月异地发展着，对社会产生了重大作用，因此，社会上也特别重视化学的进展。

其次，居里夫妇在提炼镭的过程中，创造了一种在化学界从来都没有使用过的分析方法——放射性方法加上分步结晶法。这就为化学家提供了一种崭新的化学分析方法，对今后化学的发展有十分重大的意义。

最后，镭的发现为居里夫人所创造的放射性现象这一广义的内涵，提供了坚实的证据，从此放射性现象成了物理、化学中很重要的一个分支、一门学科，并受到众多一流科学家的重视。物理学家们又开始了对一个崭新的、具有吸引力的课题的关注，即原子内部更复杂的结构和运动规律。这种关注也就预示着科学从此迈入了原子世界。

还有，镭的辐射强度大大超过了铀，而且皮埃尔还测出1克原子镭每小时能够释放出 22.5 千卡的热量。按数量级，这种热量与1克氢气燃烧的时候产生出来的热量相等,这实际上也是人类第一次测出来的"原子能"。

那么,如此巨大的能量是从哪儿来的呢?1905年,爱因斯坦给我们回答了这个问题,在他指出"质量是物体中含有能量的尺度"之后,这个问题才被人们搞明白。随后,又一个新的问题出现了:这种能量可以为人类所利用吗?这也是当时社会上最为关注的一个重大问题。

最后,科学家永远需要有更新的、更复杂的课题的刺激。这时期,关于X射线的研究高潮刚刚过去,科学界暂时陷入了停滞不前的局面,许多科学家正想寻找新的领域进行研究。正在这个时候,具有极强辐射性的镭被发现了,更重要的是,镭的发现还加速了机械论自然观现有统治地位的崩溃。

在镭的发现和与此有关的研究被证实之后,原子的衰变已经成为一个不可怀疑的事实,因此,以不变化的"物质"观念为基础的机械论自然观就完全站不住脚了。

正是基于以上几种原因,全世界的科学家都把兴奋的目光投到了居里夫妇的研究成果上。

1903年5月,英国皇家学会邀请居里夫妇到英国去作关于镭的演讲,对于这次是否出席,他们两人进行了激烈的思想斗争。

"去不去呢?"皮埃尔问居里夫人。皮埃尔很相信居里夫人的判断,很多重要的决定都是她帮他做的。

"对于这样的演讲,你知道,我是深恶痛绝的!"居里夫人痛苦地说。

"可是,这次和以往的都不太一样!"皮埃尔继续说道。

"怎么会不一样?"居里夫人问。其实她心里也有一些肯定,只不过想让皮埃尔帮自己分析一下。

"这次是非利益的,没有所谓的薪资,也没有什么待遇。只不过就是一个演讲,却可以将我们的镭公布给世人,让世人更了解镭!"皮埃尔述说着自己的理由。

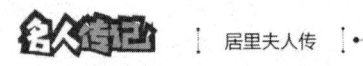

居里夫人想了想，是啊！她何曾没有想过要让世人都对镭多一分了解？现在一个这么好的机会就摆在面前，她怎么能放弃？最后，居里夫人决定和丈夫一起去参加这次演讲。

很快，居里夫妇便来到了英国。

"我们将在哪里作演讲？"休息的时候，居里夫人问接待的人员。

"在报告大厅！"接待人员说。听了这个地点，居里夫人心头一阵激动。对于这个报告厅，她不止一次听说过，据说英国著名科学家戴维和法拉第都曾经在这里作过演讲。

为了尽量使没有或缺少科学知识的公众们有机会知道科学家们在干什么，并从中学到一些科学知识，英国政府就保留了这种"星期五晚上演讲"的优良传统。一般情况下，这种演讲都会获得极大的轰动和成功。

每到星期五晚上，报告厅所在的那条街上就会人满为患。由于汽车和人实在是太拥挤了，汽车只能单向行驶。

英国人把听这种报告和德国人出席音乐会看得同样庄重。这时候，不管是女士还是先生，大家都会收拾干净，穿戴整齐来到这里。男人们往往会穿上考究的燕尾服，女人们也会身穿晚礼服，将自己最喜爱的首饰、珠宝佩戴在身上。

很多有成就的英国科学家都出席过这种演讲会，还有世界上一些杰出的科学家也被请来作科学普及演讲。

英国皇家学会可能没有料到的是，当皮埃尔上台演讲的时候，居里夫人也随着皮埃尔一同上了讲台。在皮埃尔演讲的过程中，居里夫人自始至终都坐在他的旁边。

那天，居里夫人仍然穿着她的那件黑色的连衣裙。按照当时的习惯，人们一般是不穿黑色衣服的，但居里夫人穿着黑色衣服却显得十分文雅。

伦敦的每个人都希望能一睹居里教授和居里夫人的风采，为了表示对居里夫妇的欢迎，英国科学院还特意办了一个宴会。

居里夫人坐在那里，扫视了一下那张长长的餐桌，上面摆满了各种名贵的蜡烛、餐具。服务生在旁边小心恭敬地伺候着，英国的女士们与先生们则一个个正襟危坐，相互之间小声地谈论着。

看着她们一个个满身的名贵首饰，居里夫人都入了神。可是，虽然居里夫人身上没有穿金戴银，但大家还是将自己的目光都集中在了她一个人身上。

凯尔温勋爵就坐在居里夫人的旁边。凯尔温勋爵既是她的老朋友，也是她的同行。

"大家都太好了，真是太热心了！"居里夫人对凯尔温勋爵说道，"我和皮埃尔都不习惯人们对我们的大肆宣扬，像这种场合我们很少来。我们平时很少出门。"

凯尔温勋爵笑了笑，说："我能理解，可是有一点你要记住，现在，你可是一位声名远扬的女士了。你是世界上首位被邀请参加皇家科学研究院集会的女士。确切地说，你是世界上唯一的一位著名女科学家。"

听到凯尔温勋爵这么说，居里夫人显得有点震惊。她并没有觉得出名，而且也不想出名，因为这会占用她很多宝贵的时间。对于这些骚扰，以前她就领教过。

居里夫人扫视了一下皮埃尔。

此时的皮埃尔和身边的科学家们谈论着什么，正在平静地回答着科学家们提出的问题。虽然在这一群人之中，皮埃尔的黑色礼服陈旧褪色，但在居里夫人的眼里，他却是屋子里最耀眼的人物。

宴会很快便结束了，科学院专门为居里夫妇配备了马车。一坐进车厢，皮埃尔便咯咯地笑起来。

"你笑什么，亲爱的？"居里夫人被皮埃尔搞得莫名其妙。

"我发现你很在意宴会中那些女士的珠宝，而且，似乎一直都在看它们。"皮埃尔对她说，"我也注意到了这些珠光宝气的东西，不过不像你那么羡慕。"

"那么，看到这些东西的时候，你想到了什么？"居里夫人问。

"我一直都在猜测这些珠宝能值多少钱？如果我们能有这么多的珠宝，将能建个多大的实验室？你知道吗，玛丽？"他笑道。

居里夫人也跟着笑起来。她轻轻地拍了拍他的手，感叹道："皮埃尔，在不久的将来，我们一定会有一个规范的实验室的。获得这么多的荣誉固然不错，可是，我们却是需要有一个像样的工作环境。我们迟早会有的，对吗？"

"是的。"皮埃尔非常同意居里夫人的观点，"我敢肯定，我们一定会有的！"

皮埃尔的这次演讲获得了重大的成功，受到了英国科学家极其热烈的欢迎。在英国这段时间，他们除了见到了开尔文以外，还见到了英国著名的科学家克鲁克斯、拉姆赛、杜瓦等人，与他们进行了愉快的交谈。正是这次会见，为他和杜瓦以后的合作奠定了基础。在这之后，他们两人一起对镭在低温时的物理现象进行了研究。

除此之外，居里夫人还结识了爱尔登的妻子赫莎。赫莎也是一位很出色的科学家。在 1903 年，当赫莎已经是一位 36 岁、有一个女儿的中年妇女的时候，她以惊人的毅力为自己争取到了最后，也是最高的一个学位。后来，她们成了很要好的朋友。

▶ 获得博士学位

11 月 5 日，英国皇家学会授予居里夫妇戴维奖章。这项奖励创设于 1877 年，每年由英国皇家学会颁发，主要授予在化学研究中取得重大发现的科学家。获奖者不但可以获得一块金质奖章，而且还可以得到 200 英镑的奖金。

在居里夫妇返回巴黎后的几个月，为了戴维奖章，皮埃尔又去了一趟伦敦。考虑到妻子的身体状况，皮埃尔决定自己去。

当皮埃尔回到家里的时候，在很远的地方就看到了妻子和女儿正在公寓的门口迎接他。当女儿知道父亲带回了奖品的时候，兴奋得像一只小鸟一样跳上跳下。

"爸爸！"女儿伸出手臂，喊叫着。

皮埃尔不顾旅途的劳累，一把举起女儿，亲了亲她的小脸蛋。

"奖品呢？爸爸！让我看看，让我看看！"女儿淘气地说。

皮埃尔将女儿放在地上，将随身的旅行包翻了个底朝天，可是什么都没找到。

"我把它放在哪儿了？"他叫道，"我敢肯定，自己已经把它带回来了。"

"是这个吗？"在皮埃尔的帽子下，居里夫人找到一个很沉的小盒子。

"是它！"皮埃尔走过去，接过居里夫人递过来的盒子。

皮埃尔打开盒子，一枚沉甸甸的金质奖章出现在眼前，上面刻着两个人的名字：一个是皮埃尔·居里，另一个是玛丽·居里。

"哎！"女儿大声嚷嚷起来，"它很精致。是不是，妈妈？"

"是的，是很精致，"居里夫人回答说，"可是我们用它能做些什么呢？"

"或许，我们可以把它挂在墙上，像钟表一样。"皮埃尔想了想，建议道。

"好啊！"女儿拍起了手掌。皮埃尔拿起奖章，想看看放在壁炉上效果怎么样，可是，奖章竟然从他的手中滑了出去，"铛"的一声掉在了地上。

女儿冲过去把它捡起来，仔细地抚摸着一条条凸起的纹路，安慰着："没事的。不疼！"接着，她一边愉快地笑着，一边开始在地毯上像滚圈一样地把奖章滚了起来。

皮埃尔温和的脸上现出了笑容："看，女儿喜欢她的新玩具！"

他对居里夫人说，"不管怎么说，我们的奖章还是派上了用场，成了女儿的玩具也不错！"

1903年6月25日，星期四，这是居里夫人答辩的一天。

姐姐布罗妮雅和皮埃尔也坐在索尔本大学小礼堂的听众席上。布罗妮雅是专程从波兰赶到法国来的，目的就是目睹小妹夺取最后一个学位时的风采。

评审委员席上坐着李普曼、布蒂、穆瓦桑三位教授。他们三人坐在评审席上，脸上的表情似乎有点过分严肃。今天也确实非同一般，因为索尔本大学还从来没有为一个女性举行过这种答辩。

居里夫人还特地将佩兰、朗之万和赛福勒女子高师的一些学生请来为自己助威。一时间，小礼堂真是座无虚席。

居里夫人的论文题目是《放射性物质的研究》。这篇论文一共有100页，全文除了导言、历史介绍以外，都是正文，全面介绍了放射性现象和新的放射性元素。

在这之后，评审委员们向居里夫人提出了一些问题。身穿黑色连衣裙的居里夫人都一一作了回答。

其实，就论文的内容来说，居里夫人比评委们知道得更多，因为放射性这个研究领域正是她和皮埃尔一起开创的。

在场的所有人鸦雀无声地听着她的答辩。答辩结束之后，评审委员会主席李普曼教授站起来，庄严地宣布："居里夫人，巴黎大学授予您物理学博士的学位，并给予'极优'的评语。"最后，他还加了一句很少使用的话："夫人，我谨以评审委员会的名义向您表示最热烈的祝贺！"全场爆发出了一阵热烈的掌声和欢呼声。

居里夫人一离开礼堂，皮埃尔和布罗妮雅就将她抱了起来："真是太棒了！"

▶ 与卢瑟福结缘

成长关键词：刻苦、无私、淡泊名利

卢瑟福是 20 世纪最伟大的实验物理学家之一，他在放射性和原子结构等方面都做出了杰出的贡献，被称为近代原子核物理学之父。

卢瑟福在小时候就非常喜欢读书。他的父母对子女的教育表现出了少有的重视，虽然以他们家的家庭收入勉强够糊口，但他们还是坚持供他读书。

卢瑟福知道自己的父母很不容易，于是便想方设法地为自己挣钱。后来，当他听说学习成绩优秀就可以得到奖学金的时候，学习就更加拼命了。

小学之后，卢瑟福的大部分学费都是依靠奖学金来维持的。后来，为了竞争一项州政府奖学金，他还积极参加了考试，因为获得这笔奖学金就可以进入纳尔逊学院读书。结果，卢瑟福以优异的成绩赢得了这项奖学金。

进入新西兰大学坎特伯雷学院之后，卢瑟福的聪明才智得到了充分的发挥。由于学习成绩优秀，大学毕业时卢瑟福同时获得了文学学士、理科学士和硕士学位。但是，卢瑟福并没有停滞不前，而是决心要在科学研究中取得更大的成绩。

1898 年，卢瑟福被指派担任加拿大麦吉尔大学物理系主任，在这期间，他证明了放射性是原子的自然衰变。这一成果让他获得了 1908 年的诺贝尔化学奖。

一天晚上，法国物理学家朗之万为居里夫人安排了一个小小的庆祝晚宴。客人中除了佩兰夫妇之外，还有一个远道而来的客人，这个人就是卢瑟福。

卢瑟福本来是从加拿大麦吉尔大学回英国来宣讲、解释他的放射性衰变理论的。

6月25日，卢瑟福收到一张明信片。他打开一看，是索迪寄给他的。明信片上的内容是：请务必去拜访一下居里夫人！

卢瑟福看完之后，收好明信片，急忙走了出去。他料想居里夫人一定是在自己的研究室里，可是，当他赶到棚屋的时候，却没有见到居里夫人。

原来，当时居里夫人正忙于写论文，为了收集资料，每天天一亮，她便会赶往图书馆。自然，实验室的门也就被锁上了。

卢瑟福吃了一个闭门羹。

不过，幸运的是，当天晚上卢瑟福受到了朗之万的邀请，参加了由朗之万主办的小小的庆贺晚宴。

那次晚宴上，朗之万非常慷慨大度。为了表示对到场嘉宾的欢迎，他将自家的陈年佳酿和上好的干酪都拿了出来。

在那里，卢瑟福第一次见到了居里夫人。

虽然是第一次见面，卢瑟福还是被居里夫人那种朴实无华的风度吸引住了。居里夫人外表朴素，既没有佩戴任何的首饰，也没有穿多么华丽的服装，素面朝天的她却依然婀娜多姿。

居里夫人之所以能够将卢瑟福的注意力吸引住，恐怕还和卢瑟福知道自己已经遇到了一个旗鼓相当的对手的心态有关。

当时，居里夫人已经是众人公认的放射性王后了，而卢瑟福正决心在放射性领域里大显身手，为此他正在编写《放射性》一书。

居里夫妇对卢瑟福放射性衰变理论持有异议，而卢瑟福则认为居里夫妇并没有把放射性进一步发展成一个有确定意义的理论，他还认为"关于放射性现象，居里夫妇只有一般的知识"。

的确，居里夫人一直都是把提炼镭元素作为自己主要任务的。在一段时期里，对放射性现象的规律没有给予足够的重视。

那天晚宴上，居里夫人还给大家"秀"了一下自己的宝贝。

"为了表达对主人的谢意，我特意将自己的宝贝给大家带来了。"居里夫人兴奋地从上衣口袋里拿出一只盛有镭的小玻璃管子，管壁上有一层硫化锌。

"啊，真是太奇妙了！"在4月的夜色中，镭所发散出的幽光让在座的所有人感到惊讶不已。

皮埃尔激动地说："这就是未来之光呀！"

卢瑟福从幽光中注意到，居里夫人的手粗糙得不像一位学者，倒像一位搬运工的手，而且明显地在发炎、红肿，似乎快握不住小玻璃管了。他心中万分感慨：这才是一位科学家的手！

卢瑟福羡慕地看着那试管中神奇的物质。在这之后，他正是用居里夫人送给加拿大的一点有足够强度放射性的物质，完成他最珍视的放射线试验的。

从自己的手没有像居里夫人那样受到放射线伤害来看，自己拥有的放射性物质的放射性活性，一定比皮埃尔的差多了。想到这一点，卢瑟福心中不免感慨万千。不过让卢瑟福感到高兴的是，他与居里夫人从此结下了终生不渝的友谊。

▶ 荣获诺贝尔奖

1903年11月14日，瑞典科学院院士、常务秘书欧利维理乌斯给居里夫妇写了一封信：

"……瑞典科学院在11月12日的会议中，决定把本年度诺贝尔物理学奖金的一半授予你们，表示对你们在贝克勒尔射线的研究上共同卓越的成就的尊重。

"这一决议，要在 12 月 10 日才正式公布，此前将严守秘密，奖金和奖章也将在同时颁发……"

评审委员会还希望居里夫妇在授奖那一天，能到瑞典斯德哥尔摩来接受奖状、奖章和奖金，并在会上作诺贝尔演讲。

皮埃尔收到信之后，看到自己和妻子获得了诺贝尔奖，真是喜出望外，很快便回了信。11 月 19 日，皮埃尔回信说，他非常感谢瑞典科学院将诺贝尔奖授给他们夫妇二人，但因为工作太忙，并且居里夫人一直生病，无法在冬天出门到严寒的北欧去，他希望在 1904 年 6 月天气暖和了再去作诺贝尔演讲。

12 月 10 日，一直秘而不宣的获奖消息正式宣布，这一消息立即在巴黎和全世界引起了轰动。

到 1903 年，诺贝尔奖是第三次颁奖。1901 年诺贝尔物理学奖得主是发现了 X 射线的德国物理学家伦琴；1902 年是荷兰物理学家洛伦兹和塞曼，他们两位因为在研究光和电磁现象之间的联系方面所做的开创性工作而共享该年度诺贝尔奖。

如果说头两年诺贝尔奖的颁发还处于摸索阶段，还有许多国家，如英国、美国等对此奖并不十分重视，那么，到 1903 年，在瑞典以外的各国报刊上，支持和赞美诺贝尔奖的文字逐渐增加了。

1901 年保守的英国没有参加角逐，到 1902 年英国人才醒悟过来，开始为自己的国家取得候选人而展开竞争。

正是在这种声望日隆的情况下，1903 年诺贝尔奖获奖名单公布后，它所引起的反响便大大超过了前两年。

在法国更是非同一般。法国从 1901 年开始就以最积极的角色来参与角逐诺贝尔奖，1901 年他们有两人获奖，一个是文学奖，一个是和平奖。1902 年落空。到 1903 年，又有三位法国科学家获奖，这怎能不让法国人欣喜若狂呢？

而且，这一次又非同寻常，获奖者竟然是一位弱不禁风的年轻女性！这是第一位获奖的女性，而且是在男性工作领域的物理学中获奖！并且是夫妻双双获奖！这一切真是太吸引人了，太能挑起广大民众和记者的好奇心了。

这些享誉世界的成就，给居里夫妇带来了一些具体利益。他们获得了一枚奖章和7万法郎的奖金。

居里夫人获得的诺贝尔奖证书

皮埃尔终于不用再为养家糊口而疲于奔命了。他们可以减少教课的课时，将更多的时间用于研究工作，这是挽救他们健康的唯一条件。

皮埃尔辞去了他在理化学校的教职，并自费雇用了一个私人助手。居里夫人买了一些礼物赠送亲朋，让大家来分享他们成功的喜悦。

同时，居里夫人还以借款的名义给德鲁斯基寄去了两万奥币，以帮助他们创立疗养院。一向不为财富所动的居里夫人认为，这笔奖金是瑞典科学界对他们工作的推崇，是不违反科学精神的。

居里夫妇把得来的奖金的大部分用于支援和捐献，他们的捐款项目中有这样的记载：送给波兰学生、赛福尔女学生，以支持她们继续深造；给实验室工人，以改善他们的贫困生活。

除此之外，居里夫人还为她的一位老师提供了从波兰返回家乡巴黎的旅费。

对这些捐赠，居里夫人从来都没有张扬过，从来都没有炫耀过。对于任何事情，她总是习惯于默默无闻。可是，对于自己的生活，他们仍是那样吝啬、那样节省，除了照顾皮埃尔的工作和身体、减轻课程之外，他们在克勒曼那套贫寒的住房没有丝毫变化。

居里夫人继续在赛福尔教课，她爱她的学生，同时也觉得自己的体力可以坚持下去。在荣誉面前，居里夫人并没有陶醉。

让她感到由衷高兴的是，她的研究成果得到了世界同行的承认，她的辛劳换回的是对人类的贡献。但是他们的使命并未完成，他们的好奇心并未满足，他们的智力潜能还十分丰富，也许他们的年岁正是天才得到帮助可以发展到最高度的时候。他们需要工作。

在巨大的荣誉光环下，新闻记者像轰炸机似的向居里夫妇进行轮番采访，原来门可罗雀的实验棚屋，如今却车水马龙，人声鼎沸，熙来攘往，成了闹市。

这令最喜欢安静的居里夫妇叫苦不迭，他们根本抵挡不住这种毕生没经历过的采访、照相、好奇……感觉自己简直像动物园中的珍奇动物一样，无可奈何地任各种各样的人摆布。

他们惊奇、愤怒，感觉受到了凌辱，感觉到了窒息。无论他们走到哪儿，总有人在窥伺和跟踪，总有人试图接近他们以求深挖新鲜的新闻材料，以便在报上又大肆宣扬一番。

记者们甚至在伊伦娜或她喜爱的猫身上大做文章。后来，连法兰西共和国总统埃米尔·卢贝的好奇心也被煽动起来了，亲自到那神奇的棚屋去参观。

美国人也来凑热闹。还有人来信邀请他们到美国去，并承诺"给你们举行祝贺宴会""一切费用即刻寄去"。而且，在信中笃实地叮嘱"无论如何一定要来"。

居里夫妇不胜其烦。居里夫人可怜兮兮地写信给哥哥约瑟夫说：

"我做梦都没有想到获得诺贝尔奖会招来如此嘈杂不堪的结果。我们已经不能再过像以前那种安静的研究生活了，皮埃尔和我都认为我们的生活完全被敬仰和光荣毁坏了。我们是多么希望能够早日回到过去那种没人打扰的、安静的生活中去啊！对如今的我们来说，'沉思'才是最重要的。"

1904年1月22日，皮埃尔写信给乔治·古依说：

"请您原谅我，我早就想给您写信而不能写，因为我此刻过的是一种愚蠢的生活。您也看见这种突然发作的'镭狂'了，这种狂热把声望的'好处'都给我们带来了。

"世界各地的新闻记者和摄影记者追随着我们，甚至于连我女儿和保姆的谈话都被记录了下来，并且大肆描写我家里的那只黑色小猫。

"我们每天不仅会收到许多的函件，而且还要没完没了地接见那些稀奇古怪的人和还没有出名的发明家。那些收藏亲笔签名的人、赶时髦的人、上流社会的人，有时候还有科学界的人，都来凑热闹。这些事使实验室一刻也不得安静，而且每晚还必须写许多无聊的信。

"我们的生活被彻底搞乱了，甚至还有人向我们请求大笔的款项。过这样的生活，我觉得自己整个人都变蠢了……"

居里夫妇实在厌恶透了这种不断的骚扰，包括与上流社会的应酬。可是，有一些宴会是他们无论如何也推脱不了的。

在一个热闹的夜晚，居里夫妇到爱丽舍宫去赴卢贝总统的晚宴。本来他们是不想去的，可是，出于礼貌，他们还是去了。

宴会上，来人非常多。大家都热烈地交谈着，只有他们两人平静地坐在一边，思考着自己的问题。

这时候，一位珠光宝气的贵夫人来到居里夫人跟前，十分热情地对居里夫人说："夫人，我引你去见希腊国王好吗？"

居里夫人看了看她，没说什么。对于这些邀请，她已经习以为常了，如果自己不愿意去，她便会不说话。

接着，这位贵妇人又加了一句："我们大家都非常崇拜夫人的智慧。"

听了这句话，居里夫人觉得不说话有点不礼貌，便报之以温和友善的微笑，轻轻地说："谢谢夫人，我觉得没什么必要。"

这位夫人大吃一惊，在她所接触人中，还没有遇到不愿结识国王的人。

等到居里夫人定睛看这位夫人时，才发现这位贵妇竟然是卢贝总统夫人。她连忙不好意思地站起来，改口说："但是，如果是您要我做的事，我当然一定遵命。"

得到满意的回答之后，总统夫人开心地离开了。

为了让自己获得片刻的清净，居里夫妇总是千方百计地躲避着。可是，在哪里也免不了骚扰。

一次，他们躲到了乡村。为了不引起别人的注意，在乡间小店住宿时，他们只能用化名来登记。他们像一对农村夫妇，推着自行车在法国西北部布列塔尼半岛上的乡间小路上漫步，心情舒畅地呼吸着有干草香味的田野空气，欢悦地聆听树林中海风的低鸣。这真是令他们开心极了。

如果走累了，他们就会随意地在一块石头上坐下来。居里夫人会乘此机会脱下鞋，让自己劳累的双脚放松一下出来透透气。

有一次，当居里夫人正在揉脚的时候，心里突然一惊："糟了，怎么会被一个记者盯上梢了呢？"她没想到，在这里也能遇到打听小道消息的记者。

这位记者大约是偶然碰见，也惊了一下，但他立即认出这就是报纸上登过无数次的著名的居里夫人。

记者想用这意外的好运气挖出一点不平常的消息，但居里夫人只说了一句话："请您转告大家，在科学上我们应该注意的是事，而不是人。"

后来，在1923年，应美国麦隆内·马丁夫人的邀请写的《居里夫人自传》中，居里夫人还提到了这些可怕的骚扰。她写道：

"从前，我们在不能令人满意的条件下工作，因过分专注而使身体过分劳累，影响了健康。后来，又因为宣传得不适度，受到了众多人的骚扰，使我们更加劳累了。我素来珍爱的隔绝、平静的生活被彻底打乱，它所造成的影响和后果更加令人不堪设想。我们需要维持正常的生活和研究工作，这就必须完全排除外界的骚扰才行，但我们却得不到这种安静……

"那些骚扰我们的人，当然是心存善良的，只是他们不明白对于科学家来说什么更重要。"

居里夫妇对名声、财富视若浮云。他们不仅把自己所掌握的全部有关镭的知识，无代价地告诉所有求教于他们的人，还把自己付出如此艰辛的劳动代价所取得的镭盐，无偿地送给了许多医院。

为了感谢奥地利政府廉价地供给他们沥青铀矿渣，在1905年2月，他们把再次提炼的一点镭盐送给了维也纳医院。

1904年夏季来了，居里夫妇本来应该去瑞典作诺贝尔演讲的，但是，由于皮埃尔风湿病发作，全身疼痛难忍，也就没能去成。

居里夫妇荣获诺贝尔奖以后，法国政府再不对他们表示关注，似乎真有些说不过去了。

1904年10月，皮埃尔被索尔本大学校长任命为理学院新设物理学讲座正教授；11月，居里夫人也被任命为理学院物理实验室主任。

皮埃尔·居里直到获得诺贝尔奖近一年之后才有资格被任命为教授，这件事本身就具有极大的讽刺性。而且被任命后，他们两人仍然没有得到实验室，居里夫人曾辛酸地写道：

"1904年，由于获得了诺贝尔奖，我们的成绩得到了社会的公认，这时巴黎大学新开一个讲座，我的丈夫被任命为该讲座教授；同时，又由他开创一个实验室，任命我为该室主任。实际上，当时并没有另建一个实验室，只不过是腾出了几间暂时没有用的空房间供我们使用而已。法国当局如此对待为法兰西共和国争得巨大荣誉的科学家，的确让人寒心。"

由于当上教授后仍然没有实验设备，皮埃尔心中十分郁闷。居里夫人本来是可以放弃高等女师的教学工作的，却因为舍不得离开那群朝气蓬勃的女大学生们而没有辞职。

但是，在1904年下半年，居里夫人向学校提出了请假，因为她怀孕了。

快分娩的时候,居里夫人的妊娠反应非常严重,心理状态也十分令人忧心。她几乎对任何事物都感到厌倦,不爱生活,不爱科学研究工作,连将要生下的小孩都感到厌恶。

居里夫人不断地对皮埃尔说:"我为什么又要送一个生命到这个艰难而乏味的世界上来?我们根本不应该让一个无辜的生灵到这世上来无端地受这些折磨。"

12月6日,孩子生下来了。

这时候,为了照顾妹妹,布罗妮雅来到了居里夫人身边。她那温柔、镇静的言行,很快驱散了居里夫人心中的郁闷,再加之可爱的婴儿使她的母爱之心复苏,居里夫人很快就摆脱了分娩前可怕的心理失常,她又觉得每一件事物都让她感到由衷的高兴了。

1905年3月23日,也就是分娩后四个半月,她写信给哥哥约瑟夫:

"我们这里一切如故,孩子们都好……现在春天到了,我们已经开始享受花园的好处。今天天气好极了,因为整个冬天过于潮湿,很不舒服,现在的天气使我们很高兴。

"从2月1日起,我又到高等女师去授课了。我早晨在家里,下午在实验室,一周只有两个上午不在家……我的工作很多,家务、小孩、上课、实验室,我简直不知道顾哪一项才好。"

从这封信可以看出,居里夫人已经完全从怀孕期的噩梦中走了出来。

皮埃尔的身体在春暖花开的时候也好多了。拖了一年多的诺贝尔演讲不好再拖下去,他们决定6月两人一同去斯德哥尔摩。

名人名言·荣誉

1. 荣誉不能寻找,任何追求荣誉的做法都是徒劳的。
   ——[德]歌德
2. 荣誉就像玩具,只能玩玩而已,绝不能永远守着它,否则就一事无成。
   ——[法]居里夫人
3. 烈士的墓是荣誉的最瑰丽的祭坛。
   ——[西班牙]何塞·马蒂
4. 荣誉使艺术盛兴,一切有志于钻研的人,无不受着荣誉感的激动。
   ——[古罗马]西塞罗
5. 荣誉在于劳动的双手。
   ——[意大利]达·芬奇
6. 还有比生命更重大的,就是荣誉。
   ——[德]席勒
7. 通向荣誉的路上并不铺满鲜花。
   ——[意大利]但丁
8. 无瑕的名誉是世间最纯粹的珍珠。
   ——[英]莎士比亚
9. 一个人的尊严并非在获得荣誉时,而在于本身真正值得这荣誉。
   ——[古希腊]亚里士多德
10. 应当把荣誉当作你最高的人格的标志。
    ——[英]牛顿

第九章

Marie Curie
使命终结

> 如果能追随理想而生活，本着正直自由的精神、勇往直前的毅力、诚实不自欺的思想而行，则定能臻于至美至善的境地。
>
> ——［法］居里夫人

▶ 眼　疾

出于对科学和实验的无比热爱,居里夫人从来没有过退休的打算,但是,随着年龄的增长和与放射性元素的长时间接触,她的身体渐渐显示出了一些问题。

从1920年开始,居里夫人开始感到自己的视力明显下降。她去看医生,医生告诉她患上了双层的白内障,随时都有失明的危险。根据白内障的特点,她必须在两年后通过手术治疗。

7月本来就是天气炎热的时节,由于刚做了手术,脸上的手术伤口很大,居里夫人缠着绷带,疲倦地躺在被子里。

几个星期过去了,居里夫人的体力还没有得到恢复。为了用自己的精神战胜疾病,她慢慢地练习走路,每天坚持看一点书。可是,她的视力还是一天不如一天。

再加上身体的种种问题,居里夫人的实验工作受到了严重的影响。居里夫人对布罗妮雅说:

"我的眼睛和耳朵成了我最大的困扰。我的视力极度衰退,也不知道能否治好。耳朵里总是有一种嗡嗡的声音,这种声音有时候还很响。我对此感到很焦虑,我的工作受到了很大的妨碍,甚至完全不能工作。这些问题使我很痛苦,不过你不要对任何人说,我最不愿意这个消息传出去……"

居里夫人好强的个性使她绝不愿意承认自己已经不能再做实验了,为了不让别人知道她的病情,在整个治疗过程中,她使用的都是"加瑞夫人"这个假名字。

为了能继续完成实验,居里夫人创造了一种"盲人技术"。她找来了一个倍数很高的放大镜,又给仪器的标度盘上加了彩色标志，在授课笔记本上像练习书法似的用大字书写，以便在教室微弱的灯光下能辨认出来。有时她还利用盘问对方的巧妙办法代替她必需的观察。

开始的时候，这些办法确实起到了一定的效果，不过，随着居里夫人病情的加重，这种方法也不奏效了。

到了后来，实验室的人都知道居里夫人的视力已经很差了。但谁也不愿意让这位老人伤心，所以，他们都保持缄默，装作什么都不知道。

居里夫人就是这样的人。尽管她也知道自己的身体越来越差，但是，实验所带给她的快乐，是其他任何事物都无法比拟的。

居里夫人晚年的一位合作者曾这样描写居里夫人每天的生活：

"在一间光线昏暗的屋子里，她坐在仪器前进行测量。为避免温度发生变化，屋子里的取暖设备不能打开。

"居里夫人用熟练、和谐的动作进行着一系列操作：打开仪器，开动马表，拿起砝码……任何一位钢琴家的双手也不能比居里夫人的双手更为灵巧，这是一种完美的技术，这种技术能使人为的误差率接近于零。

"做完计算后，再将结果加以比较，因为偏差大大低于允许的限度，证明测量很精确，那时我们会看到她不带修饰的真诚快乐的表情。"

1923年7月，她接受了眼科手术，后来又于1924年、1930年先后两次接受了手术，总算使她避免了失明。即使如此，居里夫人的视力还是受到了极大的损害，以至于完成一次实验都已经很困难了。

做完手术后，在写给女儿艾芙的信中，居里夫人说道：

"我正在培养走路时不戴眼镜的习惯，而且已经有所进步。我在崎岖的山路间散步过两次，结果还算好，我没有遇到障碍，走得比较快。现在，对我妨碍最大的是重影问题，这个问题很严重，有时候，我甚至认不出眼前的人是谁。在看书或者写字的时候，这个问题就更严重了，所以《大英百科全书》所用的文章就必须由你来帮我写了……"

在眼疾最严重的时候，居里夫人也曾想过退休的问题，但是，经过考虑，她还是觉得难以放弃自己的工作。

虽然居里夫人躺在病榻上，可她依然在坚持工作。每天，伊伦娜都要向她汇报研究室的工作进展情况，把学生的疑难问题说给她听，以听取她的意见和看法；同时，她还要伊伦娜为她阅读最新世界放射科学的成果和动态。在她的心里只有一条信念，那就是只要一息尚存，就要不停地工作、工作。

正如1927年她写给布罗妮雅的信上所说：

"有时我没有足够的信心，就对自己说，应该停止工作，回家乡去专心从事园艺工作。然而，又有千丝万缕的东西在缠绕着我，我也不知道什么时候才能做好回家乡的安排。尤其不清楚的是，在我编写科学作品的时候，我是否能接受没有实验室的日子……"

在30年前开始研究镭的时候，居里夫妇被发现新元素的喜悦所包围，并没有意识到镭的放射性可能对人产生危害，所以，他们长年累月暴露在辐射的伤害之下。

后来，他们逐渐意识到了辐射的危害性，居里夫人开始严格要求学生们一定要穿着铅服进行保护，但是对自我保护的问题，居里夫人还是有些漫不经心，总是违反操作规定。

由于居里夫人的勇敢和坚强，终于战胜了阻挡她工作的顽固敌人。不久之后，她借助很厚的眼镜，几乎恢复了正常视力，后来她又慢慢练习不戴眼镜工作和学习。

奇迹出现了，居里夫人又以极其饱满的精神出现在她的学生面前。学生们见导师恢复了往日的神采，一个个欢呼雀跃，信心百倍，研究院又恢复了昔日的紧张和繁忙。

居里夫人特别珍惜这第二次光明的到来，她的工作更专注，责任感更强。每天除指导学生外，便开始自己的研究。她端正地坐在工作室的仪器前测量，神情十分专注。

每次的成功都会使居里夫人显得轻松愉快。每每到了这个时候，她都会迈开轻松的步伐，愉快地来到花园的小径上，长长地吮吸一口新鲜空气。她会兴奋地来到椴树底下，品尝蔷薇花的芬芳，沐浴着温暖的阳光，静静地享受大自然的美好和奇特。

这时候，居里夫人真正与科学和解了，与实验融合在了一起。她笑了，笑得如此灿然。

成功与失败是一对孪生姊妹，没有失败的苦果便没有成功的喜悦。在试验中，居里夫人也有失败的时候。在制备锕 X 射线的时候，她虽然用尽了最大的努力，但还是没有得到她希望的结果。

居里夫人惊呆了，她瘫坐在椅子上，背弓着，两臂抱在胸前，眼神发直，样子比皮埃尔去世时遭受的痛苦还要巨大。

助手十分紧张，担心她会突然倒下去，焦急地围着她嘘寒问暖。沉默了一阵后，居里夫人回过神来，凄然地说："没有使锕 X 沉淀，这是钋在跟我作对。"

有时候，她也会幼稚地责备她的公开敌人。每次试验结果的不尽如人意都会使居里夫人的精神遭到一次崩溃性的打击，然而也是给居里夫人一次很好的教训。

▶ 辐射对身体造成的危害

虽然辐射对居里夫人的身体造成了一定的影响，可是，她并没有停止过工作。居里夫人依靠着自己的意志力和疾病对抗，为自己争取了更多的工作时间。

终于，辐射造成的危害开始在居里夫人身上显现出来。她经常出现全身疲劳，耳鸣，肩膀、耳朵不断疼痛的症状。但居里夫人只是把这一切归结为因为年老而出现的自然现象，从来不承认和镭的辐射有关。

居里夫人的身体状况不断恶化，但她的工作量并没有因此减少，比如《论放射性》一书还在编撰中，这是居里夫人一生中最重要的著作之一；她还在研究锕元素，并且取得了一些成果。

她每天都比往常更早地到实验室去，工作到最晚才回家。但是，人的意志力毕竟不是万能的，不可能战无不胜。

1933年12月，居里夫人突然感到侧腹部疼痛，X光诊断的结果显示她胆囊里有一块结石。

由于父亲斯可罗多夫斯基就是因为患胆囊结石开刀而死的，所以居里夫人害怕走父亲的老路，因此决定不开刀，想靠调养来减轻病情。

为了证实自己的身体还好，她还到凡尔赛去溜冰，并和女儿伊伦娜一起到法国东南部的萨扶阿滑雪。居里夫人仍然认为，运动、新鲜空气和美丽的大自然是对抗疾病的灵丹妙药。她总是努力说服自己，并且让别人也相信她是健康的。

病痛中的居里夫人依然坚持到实验室去。后来，爆发性恶性贫血还是让她不得不离开实验室。

居里夫人经常出现低烧现象，但她从不在意发烧的原因，只要情况稍有好转她就立即到实验室去工作，把疾病抛到九霄云外。

但是不久，高烧、头晕、恶心，种种症状不断出现。在女儿们的坚持下，居里夫人终于同意找医生进行检查。

医生一见到居里夫人的样子，就立即强调："你必须马上卧床休息！"

居里夫人只好接受了医生的建议。

但是，身为科学研究者的本性使居里夫人难以完全离开实验室。在休养期间，只要身体能够支撑，她就到镭学研究院去。

1934年5月的一个下午，居里夫人感到一阵恶心，她知道自己又发起了高烧。

老年时的居里夫人

她预感到自己可能会有一段时间来不了实验室了，因此沉着地整理好桌子上的东西，恋恋不舍地抚摸着桌上的仪器。

突然她心跳加快，浑身颤抖，额头冒汗。最后，她用非常微弱的声音对旁边的助手们说："我有点发烧，先回去了。"

她走出实验室，在外面花园转了一下，看到一棵蔷薇花枯萎了，还嘱咐花匠："必须要给那棵蔷薇浇水，别忘了！"

天渐渐黑下来，阵阵微风带来新鲜小草的清香和盛开的玫瑰花那浓郁的芬芳。扶着玛丽的助手见她越来越没有精神，全身滚烫，步伐已不听使唤，便劝她回家歇息。

她同意了。在上汽车之前，她向那株孱弱的植物投去不安的一瞥，然后凝视着这座与她命运攸关的研究院，"居里楼"几个大字在夕阳余晖的映照下放出夺目的光辉。

谁也没想到，居里夫人就这样永远地告别了实验室。

这次住院，居里夫人很担心她胆囊中的结石，医生安慰她，告诉她不需要动手术，居里夫人也因此放心了。

▶ 爆发性恶性贫血

居里夫人的病突然加重。医院为她做全面检查，经两次X光检查和专家们的多次会诊，仍困惑不解。

居里夫人似乎没有一个器官有病，看不出明显的症状，只有肺的X光片上有她旧有的病灶和一点发炎的症状。

大夫们给她用湿包疗法医治，仍不见好转，疼痛依旧，高烧不退。内科专家们面面相觑，无可奈何。最后决定，让居里夫人变换一下环境，目的是让她离实验室远一点。

居里夫人同意这一决定，她相信大自然有力量调养好她的疾病。

她私下把她的钢族合作者科泰罗夫人请到卧室来，再三叮嘱说："在我回来之前，你一定要把钢小心封藏起来。疗养假期过完,我们就重新作这个研究,请你把准备工作做好等着我。"

科泰罗夫人紧紧握着居里夫人的手,泪水盈眶地说:"夫人,我一定照你的话去做,等着你回来,你好好疗养。"

居里夫人一行即刻动身。严重的眩晕和疼痛使居里夫人痛苦不堪,几次昏晕过去。医生急忙对她施行冷敷和热敷,否则,在火车上就会发生生命危险。

终于到了桑塞罗谋疗养院,等在那里的医生急忙对居里夫人进行抢救。经检查,居里夫人病情十分危急:持续高烧40℃,脉搏微弱,血液中的红白细胞数目急剧减少。原以为换个清新的环境就能治好居里夫人的病的希望破灭了。

这是一种极恶劣而很少见的血液系统疾病,这种疾病严重妨碍人体吸收制造血细胞所需要的物质。即使在患者的食物中加进这些物质,也会有一种"东西"阻碍这些物质被吸收。到底是什么"东西"在居里夫人体内作怪呢?对此,谁也无法断定。

当时医学上对这种恶性贫血也没有什么治疗办法,用最好的药物治疗也为时已晚。居里夫人自己十分明白,她又得经受一场人们称之为"缓慢的死"那折磨人的残酷的战斗。

艾芙一直陪伴在母亲身边,她有一个重要的任务,就是寻找一些开心的话题安慰母亲。每当居里夫人清醒过来时,她总是喃喃地说:"赶快根除这个祸根吧,我得赶快回实验室去,我的新研究还未完成……"

居里夫人一直没有想到自己得了绝症,所以艾芙必须设法让母亲保持这个精神支柱。这是战胜疾病、延续生命的最好办法。艾芙常强颜欢笑,故作轻松地安慰母亲,设法为母亲减轻肉体上的痛苦。正因为这个,在居里夫人病情十分危急的时候,艾芙也没有通知亲属到疗养院来,以免给她带来恐惧。

伊伦娜·约里奥来医院陪伴母亲,常常给她讲实验的工作进程,谈梭镇和白杜码头的屋子,谈刚写完的一本书的校对进展情况。为了让母亲宽心,伊伦娜常常表现出十分愉快的样子。

有几次，居里夫人看见女儿如此轻松和活泼，十分气愤地说："也许我们来到这里是极大的失误，是浪费了时光，在市内，我的病也会很快好起来。"

伊伦娜因为要帮助母亲处理工作上的一些事情，不能久留，又换来了艾芙。经过一个月的储备，艾芙收集了不少故事和笑话来安慰母亲。她在不得不闲着的母亲身边度过了一段亲密的时光。

居里夫人也一直克制着自发的冲动和懦弱，坚持不在女儿面前表现出痛苦和无奈，不向医生、护士求援。她同女儿们的谈话，主要是实验室的前途和华沙研究院的希望，也谈自己的研究课题。她要强迫自己愉快。

疗养院的医生为居里夫人的病日夜不安。他们用尽智慧和学识给她治疗，用最好的药物和器械，派最好的护士，让居里夫人住最好的病房。

居里夫人对康复依然抱有信心，不再对病情感到恐惧。她还预测，几个月内，她的女儿伊伦娜和女婿约里奥将会得到诺贝尔奖。

▶ 心脏跳动停止

7月3日早晨，居里夫人用颤抖的手拿起温度计——体温突然下降了！艾芙连忙安慰妈妈说："这是病即将痊愈的预兆，您一定快恢复了……"但艾芙心里明白，体温突然下降是人临终前的现象，妈妈已经很难熬过这个夜晚了。

过了一会儿，居里夫人看了一眼茶杯，突然说："这是用镭做的，还是用钍做的？"

接着，居里夫人发出痛苦的呻吟和叹息。

艾芙急忙请来医生，医生想进行抢救，居里夫人突然用微弱但是清晰的声音说了她一生中的最后一句话："不用了……我希望你们别打搅我……"

1934年7月4日清晨，当阳光穿过玻璃进入房间时，居里夫人的心脏停止了跳动。

窗外渐渐透进一丝丝晨光，照着躺在被子里那张瘦削而苍白的脸和失去知觉的僵硬的躯体。在黎明前的黑暗中，这位闻名世界的卓著女物理学家，带着太多的遗憾走了……

医生在死亡报告上写道："居里夫人于1934年7月4日在桑塞罗谋去世。她的病症是一种发展很快的再生障碍性恶性贫血，骨髓没有反应，很可能是由于长期受到辐射而引起的病变。"尸体解剖证明：导致她死亡的真正杀手是镭。

一颗科学巨星陨落了，震撼着所有知道居里夫人名字的人们的心。

"居里夫人逝世了！"多么不幸的消息！在巴黎，在华沙，在蒙彼利埃，在伦敦，在世界各地，人们陷入深深的悲痛中。

布罗妮雅、海拉、约瑟夫、雅克、麦隆内夫人，还有一些忠诚的朋友，一些关心、尊崇、追随她的学者、学生，他们在各自的地方大放悲声，朝巴黎赶来……

镭学研究院里，悲天恸地，青年学者们号啕大哭。乔治·福尼埃等学生更是悲痛欲绝，痛苦地喊着："我们失去了一切！"索尔本大学、赛福尔女子高等学校都笼罩在极度悲哀之中。学生自动停止了上课，停止了工作。

寝室里、课堂上、操场里、走廊上到处是三五成群的人们，抱成一团，哀伤地哭泣。他们自发地戴上了白花，自发地默哀。不少学生、青年学者、科学家潮水般地朝疗养院涌来。

雪片般的唁电、悼念文章，从地球的各个角落飞向巴黎。有国家元首、科学界同行、镭制造业实业家，还有因镭疗法获得新生的患者。

中国当时的北平研究院镭学研究所所长严济慈先生撰写了《悼居里夫人》的纪念文章，并发表在《大公报》上。文章沉痛地悼念了这位有伟大人格和为人类做出杰出贡献的著名科学家。

居里夫人躲过了这些悲哀，她静静地躺在桑塞罗谋那张床上，身着素装，一头白发整齐地梳向脑后，露出那宽大而智慧的前额，那平和的面容显出她的高贵和庄严，那双粗糙而结了老茧的手囊括了她的贡献和成就。

就这样，居里夫人走完了她一生的道路。这一生中，居里夫人全身心投入到对科学真理的探索当中，从来没有追求过生活上的富贵、荣华。

对于她和丈夫皮埃尔·居里不追求个人名利，一生从事苦行僧式艰苦的科学研究的生活方式，很多人也提出过不同的意见，他们认为，如果当初居里夫妇在专利证书上签个名字，他们不就可以有足够的金钱建设许多实验室和医院了吗？

对于这个问题，居里夫人在她的文章中曾有过答复，她认为：

"……我的许多朋友坚持说，如果我们保留了我们的专利权，就可以得到必需的资金，来建立一个设备完善的镭研究所，而以前曾经阻碍我们两个人、现在仍在阻碍我的种种困难，都可以避免。他们所说的这些意见并非没有道理，只是我仍然坚信我们采取的态度是正确的。

"人类需要善于实践的人，这种人能由他们的工作取得最大的利益；他们虽然不忘记大众的福利，但也仍能保障自己的利益。但是，人类也需要有梦想的人，这种人醉心于一种事业，追求大公无私的目的，而将自身的物质利益完全放在一边。显然，这些理想主义者和梦想者没有享受财富的幸福，因为他们并不追求它。

"虽然如此，我们感觉一个组织得好的社会，应该设法对这些人所需的设备、经费给予充分重视，让他们的生活能不受物质问题的困扰而陷入困窘，使他们能自由而专心地从事科学研究。"

正如居里夫人所说的那样，她就是一位科学道路上的"梦想者"。

1934年7月6日下午,居里夫人被葬在了梭镇墓地的皮埃尔·居里的墓地里。仪式也和居里先生下葬时一样简单:没有演说,没有仪仗,没有一个政治家或官员在场,只有爱她的亲朋好友。

如果采用政府给大人物们那样喧嚣隆重的葬仪,是违背居里夫人的人生哲学的,也是对她高洁的灵魂的亵渎。

居里夫人静静地到了她该去的地方——梭镇的居里墓地。人们按照她的遗愿,把她的棺木放在皮埃尔·居里的棺木上面,布罗妮雅和约瑟夫向墓地洒下一把从波兰带来的泥土,因为她是波兰的女儿。简朴的墓碑上又多了一行铭文:

玛丽·斯可罗多夫斯基·居里 1867—1934年

在一片寂静声中,亲人和朋友们向墓地投放了居里夫人生前喜欢的山茶花。

居里夫人永远地与心爱的丈夫在一起了。她的生命停止了,但她创建的丰功伟绩永远不会磨灭,永远激励着后人。如同爱因斯坦说的:"在所有名人当中,玛丽·居里是唯一没有被荣誉所损毁的人。"

名人名言·生命

1. 你热爱生命吗？那么别浪费时间，因为时间是构成生命的材料。

   ——［美］富兰克林

2. 生命，那是自然付给人类去雕琢的宝石。

   ——［瑞典］诺贝尔

3. 生命不可能有两次，但许多人连一次也不善于度过。

   ——［法］吕凯特

4. 生命，只要你充分利用，它便是长久的。

   ——［古罗马］塞内加

5. 人生不售来回票，一旦动身，绝不能复返。

   ——［法］罗曼·罗兰

6. 生命苦短，只是美德能将它传到遥远的后世。

   ——［英］莎士比亚

7. 能将自己的生命寄托在他人记忆中，生命仿佛就加长了一些；光荣是我们获得的新生命，其可珍可贵，实不下于天赋的生命。

   ——［法］孟德斯鸠

8. 生命，如果跟时代的崇高的责任联系在一起，你就会感到它永垂不朽。

   ——［俄］车尔尼雪夫斯基

9. 人的一生就是进行尝试，尝试的越多，生活就越美好。

   ——［美］爱默生

名人年谱

居里夫人

1867年　11月7日，出生于波兰华沙。

1873年　6岁　进入私立女子寄宿学校上小学。

1878年　11岁　母亲去世。

1883年　16岁　公立中学毕业，获金质奖章。

1884年　17岁　担任私人教师。

1891年　24岁　10月，到巴黎求学。

1893年　26岁　以第一名的成绩获得物理学学士学位。

1894年　27岁　获"亚历山大奖学金"。同年，结识皮埃尔·居里，获数学学士学位。

1895年　28岁　与皮埃尔·居里结婚。

1897年　30岁　大女儿伊伦娜出世。

1898年　31岁　7月，宣布发现一种新的放射性元素"钋"。同年，发现另一种更强的放射性元素"镭"。

1902年　35岁　提炼出0.1克的镭。同年，父亲去世。

1903年　36岁　12月10日，因为对放射性的研究工作，与皮埃尔和贝克勒尔分获诺贝尔物理学奖。

1905年　38岁　第二个女儿艾芙出生。

1906年　39岁　皮埃尔·居里死于交通事故。

1911年　44岁　因为发现钋和镭而荣获诺贝尔化学奖。

1914～1918年　47～51岁　组织移动式放射疗法医疗队奔赴前线。

1918年　51岁　在巴黎开办镭学研究院。

1921年　54岁　与两个女儿一起到美国。

1932年　65岁　参加华沙镭学研究院落成典礼。

1934年　67岁　死于过量接触放射线而导致的再生障碍性恶性贫血。